Bosenick/Stein

"Dans l'attente de vous lire..."

Einführung in
Wortschatz und Grammatik
der französischen
Handelskorrespondenz
(Arbeitsheft)

4. überarbeitete Auflage

FELDHAUS VERLAG HAMBURG

CIP-Titelaufnahme der Deutschen Bibliothek

Bosenick, Frank:
"Dans l'attente de vous lire. . ." : Einführung in Wortschatz und
Grammatik der französischen Handelskorrespondenz ;
(Arbeitsheft) / Bosenick ; Stein. – 4., durchges. Aufl. –
Hamburg : Feldhaus, 1990
   ISBN 3-88264-089-8

ISBN 3 88264 **089** 8

4. Auflage 1990
Alle Rechte vorbehalten
Nachdruck und fotomechanische Vervielfältigung, auch auszugsweise, verboten
© Copyright 1980 by FELDHAUS VERLAG, Postfach 73 02 40, 2000 Hamburg 73
Herstellung: WERTDRUCK, Hamburg

Vorwort

»Dans l'attente de vous lire...« ist ein Arbeitsbuch, das den Grundwortschatz und die wesentlichen grammatischen Strukturen der französischen Handelskorrespondenz vermittelt. Es soll nicht die bekannten und bewährten »Handelskorrespondenzen« ersetzen, die gefestigte Kenntnisse der französischen Sprache voraussetzen.

»Dans l'attente de vous lire...« wendet sich vor allem an Lernende, die nur über geringe, lückenhafte oder insgesamt ungesicherte Kenntnisse der französischen Grammatik verfügen — Verhältnisse, wie sie in berufsvorbereitenden Schulen heute oft anzutreffen sind. Systematische Beschränkung auf die wesentlichen Strukturen und auf das Grundvokabular der französischen Geschäftssprache ermöglichen es, in relativ kurzer Zeit auch Anfängern die sprachlichen Voraussetzungen der französischen Handelskorrespondenz zu vermitteln.

Dem Fortgeschrittenen bietet das Buch die Möglichkeit, systematisch oder auch nur punktuell die französische Grammatik auf der Grundlage des elementaren Wortschatzes der Handelskorrespondenz zu wiederholen.

»Dans l'attente de vous lire...« umfaßt drei Teile. Teil 1 enthält die Darstellung der Grammatik, Vokabellisten, Einsetz- und Übersetzungsübungen. Teil 2 bietet tabellarische Übersichten zur Konjugation der unregelmäßigen Verben, zum Verb und seiner Ergänzung sowie zu den gebräuchlichsten Präpositionen und Adverbien und andere praktische Übersichten. Teil 3 besteht aus einem deutsch-französischen Wörterverzeichnis.

Wir erhoffen uns von der Form des Arbeitsbuches vor allem lerntechnische Vorteile. Alle Übungen und Aufgaben sollen direkt in das Buch eingetragen und dort auch korrigiert werden. Der Lehrstoff sowie Aufgaben, Lösungen und Korrekturen bleiben beisammen, so daß der Lernprozeß zur Wiederholung, zur Prüfungsvorbereitung und auch bei späterer Praxisanwendung immer wieder leicht nachvollzogen werden kann.

Die vierte Auflage wurde gründlich durchgearbeitet, die bewährte Konzeption des Heftes blieb unverändert.

Hamburg, im Juni 1990   Die Verfasser

Abkürzungen (Handelskorrespondenz)

B.P.	Boîte Postale (Postfach)
C.C.	Chambre de Commerce (Handelskammer)
C.C.P.	compte chèque postal (Postscheckkonto)
c & f	coût et fret
caf	coût, assurance, fret
Cie	compagnie
cif	cost, insurance, freight
cpt	comptant (bar)
ct	courant (d. Monat)
F	franc(s) (franz. Franc)
fab	franco à bord
fob	free on board
M.	Monsieur
MM.	Messieurs
Mme (Mme)	Madame
Mlle (Mlle)	Mademoiselle
N^o, n^o	numéro
n/o.	notre ordre
N./Réf.	notre référence (Unser Zeichen)
P.J.	pièce(s) jointe(s) (Anlage[n])
p.o.	par ordre (im Auftrag)
p.p., p. pon.	par procuration (per Prokura)
R.C.	Registre du Commerce (Handelsregister)
S.A.	Société Anonyme (Aktiengesellschaft)
T.V.A.	Taxe sur la valeur ajoutée (Mehrwertsteuer)
v/o.	votre ordre
V./Réf.	votre référence (Ihr Zeichen)

Abkürzungen (Grammatik)

Adj	Adjektiv
Adv	Adverb
etw	etwas
f	feminin
Inf	Infinitiv
jdm	jemandem
jdn	jemanden
Konj.	Konjunktiv
m	maskulin
Pl.	Plural
Präs.	Präsens
qch	quelque chose (etwas)
qn	quelqu'un (jemand)
Sg.	Singular
Subst	Substantiv

Inhaltsverzeichnis

1. Der bestimmte und der unbestimmte Artikel	6
2. Das Präsens der Verben »être« und »avoir«	8
3. Das Präsens der Verben auf »...er«	10
4. Die Verneinung — Präsens der Verben auf »...re«	13
5. Das Adjektiv	15
6. Die Deklination des Substantivs	19
7. Das Demonstrativpronomen	23
8. Das Possessivpronomen	26
9. Das Personalpronomen (Akkusativ)	29
10. Das Personalpronomen (Dativ)	32
11. Die reflexiven Verben, die Reflexivpronomen	35
12. Der Fragesatz, das Fragepronomen	37
13. Das Relativpronomen	41
14. Das Perfekt	44
15. Das Futur I — Das Pronomen »tout«	51
16. Das Adverb	56
17. Der Teilungsartikel	60
18. Imperfekt, Plusquamperfekt, Konditional I und II, Bedingungssätze	64
19. Steigerung und Vergleich Das substantivische Demonstrativpronomen	68
20. Das Passiv	72
21. Der Konjunktiv	77
22. Das Partizip Präsens	82
23. Das Gerundium	84
Anmerkungen zu den Kapiteln 1 bis 23	87
24. Tabellen	89
Zahlen	89
Wochentage	89
Monate	89
Tagesablauf	89
Datum	89
Ländernamen	90
Liste der unregelmäßigen Verben	91
Das Verb und seine Ergänzungen	94
Die gebräuchlichsten Konjunktionen	95
Die wichtigen Präpositionen	96
Die wichtigen Adverbien	100
Vokabeln (Wörterverzeichnis)	102

1. Der bestimmte und der unbestimmte Artikel

Der bestimmte Artikel

	maskulin (männlich)	feminin (weiblich)
Singular (Einzahl)	**le** (der)	**la** (die)
Plural (Mehrzahl)	**les** (die)	**les** (die)

Der unbestimmte Artikel

	maskulin (männlich)	feminin (weiblich)
Singular (Einzahl)	**un** (ein)	**une** (eine)
Plural (Mehrzahl)	**des** (—)	**des** (—)

Das Französische kennt nur zwei Geschlechter der Substantive.
Im Gegensatz zum Deutschen gibt es im Französischen eine **Pluralform des unbestimmten Artikels**.

Beispiele: **Maskuline Substantive:**
le catalogue (der Katalog) — les catalogues (die Kataloge)
un catalogue (ein Katalog) — des catalogues (Kataloge)

Achtung: Das »e« von »le« wird elidiert (weggelassen), wenn das folgende Substantiv mit einem Vokal (Selbstlaut) beginnt. Beispiel: l'acheteur (der Käufer).

Alle Substantive, die auf »...ment« enden, sind maskulin.

Feminine Substantive:
la banque (die Bank)   — les banques (die Banken)
une banque (eine Bank) — des banques (Banken)

Achtung: Das »a« von »la« wird elidiert, wenn das folgende Substantiv mit einem Vokal beginnt. Beispiel: l'adresse (die Adresse).

Alle Substantive, die auf »...té« und auf »...tion« enden, sind feminin.

Die Substantive, die im Singular auf »...s« oder auf »...x« enden, erhalten im Plural kein zusätzliches Plural-s.

Beispiel: le rabais (der Rabatt) — les rabais (die Rabatte),
le prix (der Preis) — les prix (die Preise),
l'avis d'expédition (die Versandanzeige) — les avis d'expédition (die Versandanzeigen).

Zusammengesetzte Substantive werden oft nach folgendem Muster gebildet:

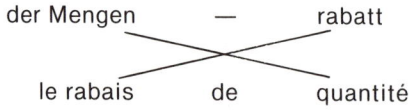

Elidierung von »a« und »e« des bestimmten Artikels vor »h« siehe Anmerkung 1.

Vokabeln

Maskuline Substantive:

Fabrikant	**le fabricant**
Katalog	**le catalogue**
Konnossement	**le connaissement**
Kunde	**le client**
Kredit	**le crédit**
Lager	**le magasin**
Lieferant	**le fournisseur**
Preis	**le prix**
Preisliste	**le prix-courant**
Rabatt	**le rabais**
Verkäufer	**le vendeur**
Vertreter	**le représentant**
Zahlung (Bezahlung)	**le paiement**
Artikel	**l'article**
Auftrag	**l'ordre**
Exporteur	**l'exportateur**
Importeur	**l'importateur**
Käufer	**l'acheteur**
Muster	**l'échantillon**
Sendung	**l'envoi**
Skonto	**l'escompte**

Feminine Substantive:

Anfrage	**la demande**
Auftrag	**la commande**
Bank	**la banque**
Bedingung	**la condition**
Beschwerde	**la réclamation**
Brief	**la lettre**
Firma	**la maison**
Konkurrenz	**la concurrence**
Lieferung	**la livraison**
Menge	**la quantité**
Qualität	**la qualité**
Rechnung	**la facture**
Ware	**la marchandise**
Adresse	**l'adresse**
Angebot	**l'offre**
Anzeige	**l'annonce**
Export	**l'exportation**
Geschäft, Angelegenheit	**l'affaire**
Import	**l'importation**
Versand	**l'expédition**
Versandanweisung	**l'instruction d'expédition**

Zusammengesetzte Substantive:

Versandanzeige	**l'avis d'expédition**
Mengenrabatt	**le rabais de quantité**

Übungen:

Ersetzen Sie den bestimmten Artikel durch den unbestimmten Artikel:

1. l'exportateur _____
2. la maison _____
3. le prix _____
4. l'envoi _____
5. l'offre _____
6. le client _____
7. l'adresse _____
8. la facture _____
9. l'article _____
10. l'annonce _____

Bilden Sie die Pluralform:

1. un vendeur _____
2. un fabricant _____
3. la réclamation _____
4. une livraison _____
5. la marchandise _____
6. un acheteur _____
7. l'échantillon _____
8. le prix _____
9. un rabais _____
10. le catalogue _____

2. Das Präsens der Verben »être« und »avoir«

Die Verben (Zeitwörter) **être** (sein) und **avoir** (haben) werden im Präsens (Gegenwart) wie folgt konjugiert (gebeugt):

	être			avoir	
ich bin	je	**suis**	j'	**ai**	ich habe
du bist	tu	**es**	tu	**as**	du hast
er ist	il	**est**	il	**a**	er hat
sie ist	elle	**est**	elle	**a**	sie hat
wir sind	nous	**sommes**	nous	**avons**	wir haben
ihr seid/Sie sind*)	vous	**êtes**	vous	**avez**	ihr habt/Sie haben*)
sie sind (mask.)	ils	**sont**	ils	**ont**	sie haben (mask.)
sie sind (fem.)	elles	**sont**	elles	**ont**	sie haben (fem.)

*) = Anredeform

Achtung: Das »e« des Personalpronomens (persönliches Fürwort) »je« wird elidiert, wenn das Verb mit einem Vokal beginnt.

Vokabeln

Herr Dupont	**Monsieur Dupont (M. Dupont)**
in Frankreich	**en France**
in Paris	**à Paris**

Übungen:

Bilden Sie die entsprechenden Pluralformen: Le client a un échantillon. — **Les** client**s** **ont des** échantillon**s**.

1. J'ai un prix-courant.

2. Il a un avis d'expédition.

3. Le fabricant a un catalogue.

4. J'ai une offre.

5. Le vendeur a un client à Paris.

6. L'acheteur a un magasin.

7. Le fabricant a un ordre.

8. J'ai une réclamation.

9. L'exportateur a un article.

10. J'ai une lettre.

Setzen Sie die entsprechenden Verbformen ein:

1. Nous _____ le catalogue. (avoir)
2. J' _____ la facture. (avoir)
3. Je _____ le représentant. (être)
4. Nous _____ l'adresse. (avoir)
5. M. Dupont _____ l'exportateur. (être)
6. Nous _____ des clients. (être)
7. Les marchandises _____ à Paris. (être)
8. M. Dupont _____ un magasin. (avoir)
9. Vous _____ la facture. (avoir)
10. M. Denis _____ le fabricant. (être)
11. Les clients _____ des réclamations. (avoir)
12. Le vendeur _____ une offre. (avoir)

Übersetzen Sie:

1. Wir sind die Firma Dupont.

2. Er ist ein Kunde.

3. Wir haben die Konnossemente.

4. Er hat die Waren.

5. Die Adresse ist.

6. Sie (2. Plural) haben die Rechnung.

7. Die Waren sind in Paris.

8. Die Preise sind...

9. Ich bin der Vertreter.

10. Sie haben eine Rechnung.

11. Die Rabatte sind...

12. Wir haben ein Lager.

13. Wir haben Aufträge.

14. Ich habe die Muster.

15. Der Kunde hat die Preisliste.

16. Der Exporteur hat Kunden in Frankreich.

17. Die Bedingungen sind...

18. Der Verkäufer hat die Versandanzeige.

19. Sie sind in Frankreich.

3. Das Präsens der Verben auf »...er«

Alle Verben bestehen im Infinitiv (Grundform) aus einem Infinitivstamm und einer Infinitivendung. Im Französischen gibt es vier Infinitivendungen.

Infinitiv**stamm**		Infinitiv**endung**		
donn	+	er	=	donner (geben)
chois	+	ir	=	choisir (wählen)
vend	+	re	=	vendre (verkaufen)
recev	+	oir	=	recevoir (erhalten)

Die Präsensform der Verben auf »...er«:

		Infinitiv-**stamm**	Präsens-**endung**			Infinitiv-**stamm**	Präsens-**endung**	
donner	je	donn	**e**		nous	donn	**ons**	
	tu	donn	**es**		vous	donn	**ez**	
	il	donn	**e**		ils	donn	**ent**	
	elle	donn	**e**		elles	donn	**ent**	
payer	je	pai	**e**		nous	pay	**ons**	»y« wird zu »i«
	tu	pai	**es**		vous	pay	**ez**	bei Formen
	il	pai	**e**		ils	pai	**ent**	mit unbetonter
	elle	pai	**e**		elles	pai	**ent**	Endung!
acheter	j'	achèt	**e**		nous	achet	**ons**	»e« wird zu »è«
	tu	achèt	**es**		vous	achet	**ez**	bei Formen
	il	achèt	**e**		ils	achèt	**ent**	mit unbetonter
	elle	achèt	**e**		elles	achèt	**ent**	Endung!

Achtung: Das »e« von »je« wird elidiert, wenn das Verb mit einem Vokal beginnt.
Ausnahme: Die Verben **offrir** (anbieten), **ouvrir** (öffnen), **couvrir** (decken) werden wie die Verben auf »...er« konjugiert.
Konjugation der übrigen Verben auf »...ir« und der Verben auf »...oir« siehe Anmerkung 2.

Vokabeln

Akkreditiv	**l'accréditif (m)**	gewähren	**accorder**
anbieten	**offrir**	hier	**ici**
annehmen	**accepter**	importieren	**importer**
ausführen (Auftrag)	**exécuter**	kaufen	**acheter**
beachten	**observer**	prüfen	**examiner**
Bedarf	**le besoin**	öffnen (er-)	**ouvrir**
bestätigen (Erhalt)	**accuser (réception de)**	Rechnungsbetrag	**le montant de la facture**
bezahlen	**payer**	schicken (senden)	**envoyer**
decken	**couvrir**	überweisen	**virer**
ermäßigen	**baisser**	verschicken	**expédier**
erteilen (Auftrag)	**passer**	Versicherung	**l'assurance (f)**
exportieren	**exporter**	vornehmen (Lieferung, Zahlung)	**effectuer**
geben	**donner**		

Übungen:

Setzen Sie die entsprechende Verbform ein:

1. Le client _____ la facture. (payer)
2. J' _____ un crédit. (accorder)
3. Vous _____ le montant de la facture. (virer)
4. Les clients _____ le paiement. (effectuer)
5. Nous _____ la facture. (payer)
6. Le fabricant _____ les prix. (baisser)
7. Vous _____ l'accréditif. (ouvrir)
8. Nous _____ la marchandise. (offrir)
9. Les vendeurs _____ la marchandise. (envoyer)
10. J' _____ les conditions. (accepter)
11. La banque _____ le crédit. (accorder)
12. Les clients _____ les conditions. (accepter)
13. Nous _____ réception de... (accuser)
14. Je _____ l'ordre. (passer)
15. Vous _____ la livraison. (effectuer)
16. Nous _____ l'ordre. (passer)
17. Vous _____ les prix. (accepter)
18. Les clients _____ l'offre. (examiner)
19. J' _____ l'article. (importer)
20. Le fournisseur _____ des échantillons. (envoyer)

Übersetzen Sie:

1. Wir erteilen den Auftrag.

2. Die Exporteure exportieren die Ware.

3. Der Kunde schickt den Brief.

4. Der Fabrikant bietet die Ware an.

5. Wir schicken die Preisliste.

6. Wir gewähren einen Kredit.

7. Ich sende die Ware.

8. Wir bestätigen den Empfang...

9. Ich akzeptiere die Bedingungen.

10. Die Kunden bezahlen die Rechnungen.

11. Wir bezahlen die Rechnung.

12. Die Verkäufer schicken die Ware.

13. Die Kunden kaufen Waren.

14. Wir eröffnen das Akkreditiv.

15. Er erteilt Aufträge.

16. Wir nehmen die Lieferung vor.

17. Die Bank gewährt den Kredit.

18. Wir überweisen den Rechnungsbetrag.

19. Der Kunde überweist den Rechnungsbetrag.

20. Sie (2. Pl.) nehmen die Zahlung vor.

21. Ich führe den Auftrag aus.

22. Die Kunden prüfen die Angebote.

23. Wir beachten die Versandanweisung.

24. Wir verschicken die Waren.

25. Sie (2. Pl.) bezahlen die Rechnungen.

26. Wir prüfen die Angebote.

27. Der Kunde deckt die Versicherung in Paris.

28. Ich biete die Ware an.

29. Die Banken gewähren Kredite.

30. Wir decken die Versicherung hier in Hamburg.

31. Der Kunde schickt den Brief.

32. Ich exportiere Waren.

33. Wir prüfen das Angebot.

34. Die Kunden akzeptieren die Bedingungen.

35. Der Fabrikant schickt Muster.

4. Die Verneinung
Präsens der Verben auf »...re«

Die wichtigsten Verneinungsadverbien (Adverb = Umstandswort) sind:

> **ne ... pas** (nicht)
> **ne ... plus** (nicht mehr)
> **ne ... pas encore** (noch nicht)

Das Verneinungsadverb umschließt das konjugierte Verb, d. h.: das »ne« steht immer **vor** dem konjugierten Verb, und der zweite Teil des Verneinungsadverbs steht immer **nach** dem konjugierten Verb.

Achtung: Das »e« von »ne« wird elidiert, wenn das Verb mit einem Vokal beginnt.

Beispiele
Nous **n'**avons **pas** la marchandise.
Nous **n'**avons **plus** la marchandise.
Nous **n'**avons **pas encore** la marchandise.

Verneinter Infinitiv siehe Anmerkung 3.

* * *

Das Präsens der Verben auf »**...re**« lautet:

> vendre
> je vend**s**   nous vend**ons**
> tu vend**s**   vous vend**ez**
> il vend   ils vend**ent**
> elle vend   elles vend**ent**

Vokabeln

Antwort	**la réponse**
antworten (auf)	**répondre (à)**
erwarten	**attendre**
herstellen	**fabriquer**
verkaufen	**vendre**

Übungen:

Formen Sie die Sätze nach dem Beispiel um: Nous avons l'adresse. — Nous **n'**avons **pas** l'adresse.

1. J'ai la marchandise.

2. Nous baissons les prix.

3. Vous exécutez l'ordre.

4. Les exportateurs expédient la marchandise.

5. La banque accorde le crédit.

6. Nous passons l'ordre.

7. Ils acceptent les conditions.

8. Il effectue la livraison.

9. Nous vendons la marchandise.

10. J'accepte les prix.

11. Les fournisseurs offrent la marchandise.

12. Je paie la facture.

13. M. Dupont est le représentant.

14. Nous avons l'envoi.

15. Ils ont la facture.

Übersetzen Sie:

1. Der Kunde akzeptiert die Bedingungen nicht.

2. Wir haben die Versandanzeige noch nicht.

3. Wir exportieren den Artikel nicht mehr.

4. Wir erwarten eine Antwort.

5. Die Bank gewährt den Kredit nicht.

6. Wir kaufen den Artikel nicht.

7. Wir überweisen den Rechnungsbetrag noch nicht.

8. Der Kunde nimmt die Bedingungen nicht an.

9. Er ist nicht mehr in Hamburg.

10. Ich erwarte Aufträge.

11. Wir haben die Sendung noch nicht.

12. Der Kunde antwortet nicht.

13. Ich führe den Auftrag nicht aus.

14. Die Kunden kaufen den Artikel nicht mehr.

15. Die Firma bezahlt die Rechnung nicht.

5. Das Adjektiv

Die Formen des Adjektivs (Eigenschaftswort) lauten:

	maskulin	feminin
Singular	**grand**	**grande**
Plural	**grands**	**grandes**
Singular	**avantageux**	**avantageuse**
Plural	**avantageux**	**avantageuses**
Singular	**compétitif**	**compétitive**
Plural	**compétitifs**	**compétitives**
Singular	**dernier**	**dernière**
Plural	**derniers**	**dernières**
Singular	**favorable**	**favorable**
Plural	**favorables**	**favorables**
Singular	**bon**	**bonne**
Plural	**bons**	**bonnes**
Singular	**exceptionnel**	**exceptionnelle**
Plural	**exceptionnels**	**exceptionnelles**
Singular	**spécial**	**spéciale**
Plural	**spéciaux**	**spéciales**
Singular	**nouveau, nouvel**	**nouvelle**
Plural	**nouveaux**	**nouvelles**

Achtung: Die Form »nouvel« wird nur verwendet, wenn das nachfolgende maskuline Substantiv mit einem Vokal beginnt (le nouvel ordre).

Veränderlichkeit: Das Adjektiv richtet sich in Geschlecht und Zahl nach dem Substantiv oder Pronomen, auf das es sich bezieht, gleichgültig, ob es attributiv (beifügend) oder prädikativ (Teil des Hilfsverbs »être«) gebraucht wird.

Beispiel: une offre avantageuse (attributiv)
l'offre est avantageuse (prädikativ)

Stellung des Adjektivs: Das attributive Adjektiv steht in der Regel nach dem Substantiv. Vorangestellt werden die Adjektive: **grand, petit, bon, mauvais, nouveau, premier, nombreux**

Achtung: **dernier** hat die Bedeutung »letzter, neuester«, wenn es vorangestellt wird, und die Bedeutung »vorig«, wenn es nachgestellt wird.
Beispiel:
Le dernier catalogue (der neueste Katalog) - Le mois dernier (der vorige Monat)

Vokabeln:

ausgezeichnet	**excellent, e**	letzte, r (neuste, r)	**dernier, ière**
außergewöhnlich	**exceptionnel, le**	neu	**nouveau, nouvel, nouvelle**
bedeutend	**important, e**	niedrig	**bas, basse**
das ist, das sind	**c'est, ce sont**	schlecht	**mauvais, e**
erster	**premier, ière**	sehr	**très**
freuen, sich	**être heureux**	Sonder-	**spécial, e**
groß	**grand, e**	stark	**fort, e**
günstig	**avantageux, se; favorable**	unangenehm	**désagréable**
gut	**bon, bonne**	vorige(r)	**dernier, ière**
hervorragend	**excellent, e**	vorteilhaft	**avantageux, se**
hoch	**haut, e; élevé, e**	zahlreich	**nombreux, se**
interessant	**intéressant, e**	wichtig	**important, e**
klein	**petit, e**	zu (Adv.)	**trop**
konkurrenzfähig	**compétitif, ve**	zufrieden mit	**content, e de**

Übungen:

Bilden Sie Sätze nach dem Muster: prix ... avantageux — C'est un prix avantageux.
Beachten Sie die Veränderlichkeit und die Stellung des Adjektivs!

1. offre ... favorable

2. ordre ... important

3. catalogue ... intéressant

4. qualité ... bon

5. condition ... avantageux

6. ordre ... premier

7. qualité ... excellent

8. prix ... haut

9. catalogue ... spécial

10. offre ... compétitif

11. annonce ... intéressant

12. magasin ... grand

13. qualité ... mauvais

14. ordre ... nouveau

15. concurrence ... fort

Bilden Sie Sätze nach dem Muster:

prix ... avantageux — Ce sont des prix avantageux.

1. catalogue ... intéressant

2. rabais ... spécial

3. lettre ... important

4. prix ... bas

5. offre ... avantageux

6. ordre ... important

7. réclamation ... désagréable

8. client ... important

9. condition ... spécial

10. offre ... favorable

Übersetzen Sie:

1. Die Preise sind günstig.

2. Die Bedingungen sind nicht günstig.

3. Die Konkurrenz ist sehr stark.

4. Die Qualität ist nicht gut.

5. Die Angebote sind günstig.

6. Wir erteilen einen Erstauftrag.

7. Wir schicken die neuen Kataloge.

8. Wir schicken den neuen Auftrag.

9. Wir haben ein großes Lager.

10. Die Beschwerde ist sehr unangenehm.

11. Die Preise sind zu hoch.

12. Das ist ein sehr günstiger Preis.

13. Wir sind mit der Qualität zufrieden.

14. Ich erteile einen neuen Auftrag.

15. Wir gewähren Sonderrabatte.

16. Die Preise sind sehr niedrig.

17. Wir freuen uns...

18. Wir haben einen neuen Auftrag.

19. Das Angebot ist interessant.

20. Die Preise sind nicht konkurrenzfähig.

21. Wir schicken den neuesten Katalog.

22. Die Qualität ist schlecht.

23. Die Bedingungen sind sehr gut.

24. Wir prüfen die neuen Angebote.

25. Er bezahlt die letzte Rechnung nicht.

26. Wir führen die neue Lieferung aus.

27. Das Lager in Paris ist nicht sehr groß.

28. Die Annonce ist interessant.

29. Das ist ein guter Kunde.

30. Wir akzeptieren die Sonderbedingungen.

31. Ich bin mit der Qualität nicht zufrieden.

32. Der letzte Katalog ist sehr interessant.

33. Wir sind mit der letzten Lieferung sehr zufrieden.

34. Ich schicke ein sehr günstiges Angebot.

35. Die Bank gewährt einen bedeutenden Kredit.

6. Die Deklination des Substantivs

Die vier Fälle der Deklination (Beugung) heißen:
1. Fall: Nominativ (Nom.)   2. Fall: Genitiv (Gen.)   3. Fall: Dativ (Dat.)   4. Fall: Akkusativ (Akk.)

Maskuline Substantive

	Singular		Plural	
Nom.	**le client**	(der Kunde)	**les clients**	(die Kunden)
Gen.	**du client**	(des Kunden)	**des clients**	(der Kunden)
Dat.	**au client**	(dem Kunden)	**aux clients**	(den Kunden)
Akk.	**le client**	(den Kunden)	**les clients**	(die Kunden)

Achtung: »du« entstand aus de + le, »des« entstand aus de + les
»au« entstand aus à + le, »aux« entstand aus à + les

de + le und à + le bleiben erhalten, wenn das folgende Substantiv mit einem Vokal beginnt, das »e« von »le« wird elidiert.

l'acheteur	les acheteurs
de l'acheteur	des acheteurs
à l'acheteur	aux acheteurs
l'acheteur	les acheteurs

Feminine Substantive

	Singular		Plural	
Nom.	**la banque**	(die Bank)	**les banques**	(die Banken)
Gen.	**de la banque**	(der Bank)	**des banques**	(der Banken)
Dat.	**à la banque**	(der Bank)	**aux banques**	(den Banken)
Akk.	**la banque**	(die Bank)	**les banques**	(die Banken)

Achtung: Das »a« von »la« wird elidiert, wenn das folgende Substantiv mit einem Vokal beginnt.

l'offre	les offres
de l'offre	des offres
à l'offre	aux offres
l'offre	les offres

Die Wortstellung im Aussagesatz

Das Subjekt (Satzgegenstand) steht vor dem Prädikat (konjugiertes Verb).
Das Objekt (Satzergänzung) steht nach dem Prädikat.
Bei zwei Objekten ist folgende Wortfolge zu beachten:

Subjekt — Prädikat — direktes Objekt (Akk.) **— indirektes Objekt** (Dat.)

Lassen Sie sich von der Struktur des deutschen Satzes nicht verwirren. Sie müssen bei der Übersetzung zu der dargestellten Struktur kommen!

Vokabeln:

annehmbar	acceptable	Erstauftrag	le premier ordre
benötigen	avoir besoin de	mehrere	plusieurs
besser	meilleur, e	Prozent (%)	pour cent (%)
brauchen	avoir besoin de	Scheck	le chèque
Wir brauchen Kataloge.	Nous avons besoin *de* catalogues.	so schnell wie möglich	aussi vite que possible; le plus vite possible
Wir brauchen *die* Kataloge des Fabrikanten.	Nous avons besoin *des* catalogues du fabricant.	unannehmbar	inacceptable
entsprechen (einer Sache)	correspondre à qch		
einige	quelques		

Übungen:

Bilden Sie Sätze mit einem Genitivattribut nach folgendem Muster:

Les conditions sont favorables. (concurrence) — Les conditions **de la** concurrence sont favorables.

1. L'adresse est... (maison)

2. Les prix sont élevés. (concurrence)

3. J'effectue le paiement. (facture)

4. La qualité est bonne. (marchandises)

5. Les conditions sont acceptables. (clients)

6. Nous acceptons les prix. (fabricant)

7. Nous accusons réception. (lettre)

8. L'exportateur effectue la livraison. (marchandises)

9. Le prix est trop élevé. (article)

10. Les conditions sont inacceptables. (vendeur)

11. La qualité est bonne. (articles)

12. Les conditions sont avantageuses. (exportateur)

13. L'offre est intéressante. (vendeur)

14. La qualité est bonne. (échantillon)

15. Nous exécutons l'ordre. (client)

Bilden Sie Sätze mit einem Dativobjekt nach folgendem Muster:
Nous envoyons la lettre. (client) — Nous envoyons la lettre **au** client.

1. Nous envoyons les échantillons. (client)

2. L'acheteur envoie le chèque. (vendeur)

3. Nous accordons un crédit. (vendeur)

4. Le client envoie des lettres. (fabricants)

5. Je passe un ordre. (maison Dupont)

6. Nous envoyons des catalogues. (clients)

7. Le fournisseur offre l'article. (acheteur)

8. Le client envoie une demande. (exportateur)

9. Le fabricant accorde un escompte. (acheteurs)

10. Nous envoyons une offre. (client)

11. Le client donne des instructions. (exportateur)

12. Nous envoyons le catalogue. (importateur)

13. Nous offrons les marchandises. (acheteurs)

Übersetzen Sie:

1. Wir schicken dem Kunden einige Muster.

2. Die Bedingungen der Konkurrenz sind besser.

3. Die Qualität der Ware ist sehr gut.

4. Der Kunde überweist den Rechnungsbetrag an die Bank des Verkäufers.

5. Die Beschwerden der Kunden sind unangenehm.

6. Ich nehme die Bedingungen des Angebotes an.

7. Die Adresse der Firma ist...

8. Wir gewähren dem Kunden einen Rabatt von 5 %.

9. Die Preise der Konkurrenz sind sehr günstig.

10. Wir schicken dem Kunden die Ware.

11. Die Kunden erteilen der Firma bedeutende Aufträge.

12. Wir bestätigen den Empfang des Briefes.

13. Ich nehme die Bezahlung der Rechnung vor.

14. Wir nehmen die Lieferung der Waren vor.

15. Der Fabrikant schickt dem Kunden die letzten Preislisten.

16. Wir benötigen die Ware so schnell wie möglich.

17. Die Preise der Artikel sind zu hoch.

18. Wir schicken dem Kunden mehrere Kataloge.

19. Die Adresse der Bank ist...

20. Die Lieferanten schicken die Waren an die Adressen der Kunden.

21. Der Lieferant bietet dem Kunden die Ware an.

22. Wir bieten dem Kunden die Artikel an.

23. Ich schicke der Bank den Scheck.

24. Der Käufer gibt dem Hersteller Anweisungen.

25. Wir schicken dem Kunden die Versandanzeige.

26. Die Bedingungen des Herstellers sind annehmbar.

27. Die Bedingungen der Verkäufer sind unannehmbar.

28. Wir schicken dem Kunden ein sehr günstiges Angebot.

29. Der Importeur erteilt dem Exporteur einen Erstauftrag.

30. Der Käufer akzeptiert die Bedingungen der Bank nicht.

7. Das Demonstrativpronomen

Die Formen des adjektivischen Demonstrativpronomens (hinweisendes Fürwort) lauten:

	Mask.		Fem.	
Singular	**ce, cet**	(dieser)	**cette**	(diese)
Plural	**ces**	(diese)	**ces**	(diese)

Achtung: Beginnt ein mask. Substantiv im Singular mit einem Vokal, so heißt das Demonstrativpronomen »cet«:

Beispiel: **ce** prix   aber   **cet** ordre

Die Deklination des Demonstrativpronomens entspricht den in Kapitel 6 aufgezeigten Regeln. Also:

	Singular		Plural	
Nom.	**ce client**	(dieser Kunde)	**ces clients**	(diese Kunden)
Gen.	**de ce client**	(dieses Kunden)	**de ces clients**	(dieser Kunden)
Dat.	**à ce client**	(diesem Kunden)	**à ces clients**	(diesen Kunden)
Akk.	**ce client**	(diesen Kunden)	**ces clients**	(diese Kunden)

Konjugation der unregelmäßigen Verben

pouvoir (können)

je peux	nous pouvons
tu peux	vous pouvez
il peut	ils peuvent

vouloir (wollen)

je veux	nous voulons
tu veux	vous voulez
il veut	ils veulent

Vokabeln:

arbeiten	**travailler**	liefern	**livrer**
Branche	**la branche**	Preis, zu e. P. anbieten	**offrir à un prix**
können	**pouvoir**	Ruf	**la réputation**
Lager, auf L. haben	**avoir en stock**	schon	**déjà**
lang	**long, longue (!)**	seit langem	**depuis longtemps**
Lieferfrist	**le délai de livraison**	wollen	**vouloir**

Übungen:

Ersetzen Sie den bestimmten Artikel durch das entsprechende Demonstrativpronomen:
Le client est content. — **Ce** client est content.

1. La condition est compétitive.

2. Nous ne livrons pas les articles.

3. Les prix sont trop élevés.

4. Le catalogue est intéressant.

5. Nous exécutons l'ordre.

6. La qualité est excellente.

7. Les offres sont avantageuses.

8. Il exporte l'article.

9. Le délai de livraison est trop long.

10. Nous travaillons dans la branche depuis longtemps déjà.

11. Les délais de livraison sont trop longs.

12. Nous offrons l'article.

13. Les ordres sont importants.

14. Nous expédions l'envoi.

15. L'annonce est très intéressante.

Übersetzen Sie:

1. Diese Bedingungen sind konkurrenzfähig.

2. Die Qualität dieser Artikel ist nicht gut.

3. Wir können dieses Angebot nicht annehmen.

4. Der Preis dieser Ware ist zu hoch.

5. Wir sind mit der Qualität dieser Muster zufrieden.

6. Wir brauchen diese Ware so schnell wie möglich.

7. Der Fabrikant kann diesen Artikel nicht mehr liefern.

8. Diese Beanstandung ist sehr unangenehm.

9. Die Kunden wollen diese Artikel nicht kaufen.

10. Wir können diesen Kredit nicht gewähren.

11. Der Lieferant kann diese Bedingungen nicht annehmen.

12. Wir können diesen Artikel nicht verkaufen.

13. Diese Qualität ist hervorragend.

14. Die Rechnung für diese Sendung haben wir noch nicht.

15. Der Lieferant will diese Ware nicht mehr anbieten.

16. Diese Lieferfristen sind zu lang.

17. In dieser Branche arbeiten wir schon seit langem.

18. Wir haben diese Ware nicht mehr auf Lager.

19. Wir können diese Ware zu einem günstigen Preis anbieten.

20. Ich will dieser Firma einen Erstauftrag erteilen.

21. Zu diesen Bedingungen können wir den Auftrag nicht ausführen.

22. Der Ruf dieser Firma ist gut.

23. Wir bestätigen den Empfang dieses Briefes.

24. Diese Anweisungen sind wichtig.

25. Dieses Angebot ist sehr vorteilhaft.

26. Wir exportieren diese Artikel schon seit langem.

27. Diese Kataloge sind sehr interessant.

28. Wir benötigen einige Muster dieser Qualität.

29. Diese Angelegenheit ist sehr unangenehm.

30. Der Kunde will diese Bedingungen nicht annehmen.

8. Das Possessivpronomen

Die Formen des adjektivischen Possessivpronomens (besitzanzeigendes Fürwort) lauten:

Personal-pronomen	Possessivpronomen Singular				Plural	
je	**mon**	(mein)	**ma**	(meine)	**mes**	(meine)
tu	**ton**	(dein)	**ta**	(deine)	**tes**	(deine)
il	**son**	(sein)	**sa**	(seine)	**ses**	(seine)
elle	**son**	(ihr)	**sa**	(ihre)	**ses**	(ihre)
nous	**notre**	(unser)			**nos**	(unsere)
vous	**votre**	(euer, Ihr)			**vos**	(eure, Ihre)
ils, elles	**leur**	(ihr)			**leurs**	(ihre)

Für die Deklination gelten die Regeln nach Kapitel 6.

Achtung: 1. Beginnt ein feminines Substantiv im Singular mit einem Vokal, so müssen Sie die maskuline Form des Possessivpronomens verwenden.

Beispiel: **une** adresse   aber **mon** adresse
            une offre   aber **son** offre

2. Der Franzose macht keinen Unterschied zwischen

(Herr Dupont und) **seine** Firma
und   beides heißt: **sa** maison
(Frau Dupont und) **ihre** Firma

3. **leur** und **leurs** werden leicht verwechselt. Hilfe: Es heißt stets leur**s**, wenn das folgende Substantiv im Plural steht.

Konjugation der unregelmäßigen Verben

devoir (müssen)

je dois	nous devons
tu dois	vous devez
il doit	ils doivent

introduire (einführen)
produire (herstellen)
réduire (ermäßigen)

j' introduis	nous introduisons
tu introduis	vous introduisez
il introduit	ils introduisent

Vokabeln:

ändern	changer
wir ändern	nous changeons*
ausführen (Auftrag)	exécuter
bereit sein, etw. zu tun	être prêt à faire qch.
bleiben	rester
einführen, auf den Markt bringen	introduire
erhöhen	augmenter
ermäßigen (um)	réduire (de)
Geschäftsfreund	le correspondant
Gunst	la faveur
zu Ihren Gunsten	en votre faveur
herstellen	produire
hiermit	par la présente
Lieferbedingung	la condition de livraison

Markt	le marché
auf dem Markt	sur le marché
Monat	le mois
der 3. des Monats	le 3 courant (Abk. le 3 ct)
der 3. vergangenen M.	le 3 écoulé; le 3 du mois dernier
müssen	devoir
nur	seulement
Sorgfalt	le soin
mit größter Sorgfalt	avec le plus grand soin
Verkaufsbedingung	la condition de vente
Vorrat	le stock
wenn	si (s'il, si elle)
Zahlungsbedingung	la condition de paiement
zu diesen Bedingungen	à ces conditions

* gilt für alle Verben auf »...ger«

Übungen:

Ersetzen Sie den Artikel durch das entsprechende Possessivpronomen:
Nous devons augmenter le prix. — Nous devons augmenter notre prix.

1. Je dois augmenter les prix.

2. Vous devez réduire le prix.

3. Je passe la commande.

4. Les clients passent les commandes.

5. Le fabricant doit réduire le prix.

6. Vous devez changer la condition de vente.

7. Le fournisseur doit augmenter les prix.

8. L'exportateur envoie l'offre.

9. Le client passe les ordres.

10. Nous ne pouvons pas baisser le prix.

11. Le fabricant envoie le catalogue.

12. Les clients passent les ordres.

13. Nous ne pouvons pas passer la commande.

14. J'envoie la demande.

15. Ils paient la facture.

Übersetzen Sie:

1. Ihr Angebot ist sehr interessant.

2. Unsere Kunden kaufen nur eine Ware erster Qualität.

3. Wir schicken unserem Kunden die Ware.

4. Wir bestätigen den Empfang Ihres Briefes vom 4. d. M.

5. Wir führen Ihren Auftrag mit größter Sorgfalt aus.

6. Unsere Kunden sind mit der Qualität dieser Ware nicht sehr zufrieden.

7. Hiermit bestätigen wir den Erhalt Ihres Auftrages vom 25. letzten Monats.

8. Unsere Zahlungsbedingungen sind sehr günstig.

9. Wir eröffnen das Akkreditiv zu Ihren Gunsten.

10. Wir können Ihr Angebot nicht annehmen.

11. Die Konkurrenz ist auf unserem Markt sehr stark.

12. Wir haben die Waren. Wir sind mit ihrer Qualität zufrieden.

13. Unsere Firma arbeitet schon seit langem in dieser Branche.

14. Ihr Angebot muß sehr günstig sein.

15. Sie müssen unsere Anweisungen beachten.

16. Wir sind bereit, Ihren Auftrag zu diesen Bedingungen auszuführen.

17. Unser Kunde ist nicht bereit, Ihre Bedingungen anzunehmen.

18. Wir können unsere Zahlungsbedingungen nicht ändern.

19. Der Fabrikant kann seine Preise nicht herabsetzen.

20. Die Lieferanten wollen ihre Preise um 3% ermäßigen.

21. Die Konkurrenz ist bereit, ihre Lieferbedingungen zu ändern.

22. Die Lieferanten schicken ihren Kunden einige Muster.

23. Der Verkäufer muß seine Preise ermäßigen, wenn er konkurrenzfähig bleiben will.

24. Unsere Lieferanten wollen ihre Artikel auf Ihrem Markt einführen.

25. Hiermit bestätigen wir den Erhalt Ihres Schreibens vom 5. d.M.

9. Das Personalpronomen (Akkusativ)

Die Formen des Personalpronomens (persönliches Fürwort) lauten im Akkusativ:

Akkusativ	**me**	(mich)	**nous**	(uns)
	te	(dich)	**vous**	(euch, Sie)
	le, la	(ihn, sie, es)	**les**	(sie)

Achtung: Die Vokale der Singularformen des Personalpronomens werden elidiert, wenn ein vokalisch anlautendes Verb folgt.

Die Stellung des Personalpronomens:

1. Das Personalpronomen steht **vor dem konjugierten Verb.**
Beispiele: Nous livrons la machandise. (Wir liefern die Ware.)
Nous **la** livrons. (Wir liefern sie.)

2. Folgt dem konjugierten Verb ein Infinitiv, so steht das Personalpronomen vor dem Infinitiv.
Beispiele: Nous pouvons livrer la marchandise. (Wir können die Ware liefern.)
Nous pouvons **la** livrer. (Wir können sie liefern.)

Verneinung: Achten Sie darauf, daß auch bei der Verneinung das Personalpronomen nicht von dem Verb getrennt wird:
Beispiele: Nous la livrons.
Nous **ne** la livrons **pas**.
Nous pouvons la livrer.
Nous **ne** pouvons **pas** la livrer.

Zur betonten Form des Personalpronomens und zum Pronominaladverb siehe Anmerkung 7

Konjugation der unregelmäßigen Verben

faire (machen, tun, lassen)
je fais   nous faisons
tu fais   vous fait**es**
il fait   ils font

lire (lesen)
je lis   nous lisons
tu lis   vous lisez
il lit   ils lisent

dire (sagen)
je dis   nous disons
tu dis   vous dit**es**
il dit   ils disent

Vokabeln:

anbei	**ci-joint/en annexe**	per Luftpost	**par avion**
bitte (+ Inf.)	**veuillez faire**	machen	**faire**
bitte schicken Sie	**veuillez envoyer**	mitteilen, jdm. etwas	**informer qn de qch**
bitten	**prier qn de faire**	ob	**si (s'il, si elle)**
danken, jdm. für etwas	**remercier qn de qch**	Post (Briefe)	**le courrier**
daß	**que**	mit getrennter Post	**par courrier séparé**
gegenwärtig	**actuel, actuelle**	mit gleicher Post	**par même courrier**
gemäß	**selon**	postwendend	**par retour du courrier**
heute	**aujourd'hui**	sagen	**dire**
Lasten (zu Ihren...)	**à votre charge**	sicher	**sûr, e**
lesen	**lire**	zukommen lassen	**faire parvenir**

Übungen:

Ersetzen Sie das substantivische Akkusativobjekt durch das entsprechende Personalpronomen:
Nous exécutons votre ordre. — Nous l'exécutons.

1. J'accepte vos conditions.

2. Nous vendons la marchandise.

3. Le fabricant baisse les prix.

4. Le vendeur change l'offre.

5. Les clients passent les ordres.

6. Nous ne payons pas la facture.

7. Nous exportons cette marchandise.

8. Ils n'acceptent pas les conditions.

Setzen Sie den Infinitiv ein und ersetzen Sie das subst. Akkusativobjekt durch das entsprechende Personalpronomen:
Nous exécutons votre ordre (pouvoir). — Nous pouvons l'exécuter.

1. Nous payons la facture (devoir).

2. J'achète les articles (vouloir).

3. Ils n'effectuent pas la livraison (pouvoir).

4. Vous exécutez les ordres (pouvoir).

5. Le vendeur change l'offre (devoir).

6. Ils n'importent pas les articles (vouloir).

7. Ils virent le montant de la facture (devoir).

8. Le fabricant ne baisse pas le prix (pouvoir).

Übersetzen Sie:

1. Wir bitten Sie, die Muster so schnell wie möglich zu schicken.

2. In Ihrem Brief vom 3. d.M. bitten Sie uns, Ihrem Kunden einige Muster zukommen zu lassen.

3. Wir schicken sie mit gleicher Post.

4. ... Ihre Artikel. Wir sind sicher, daß wir sie auf unserem Markt einführen können.

5. ... Ihre Ware. Ich bin sicher, daß ich sie auf unserem Markt verkaufen kann.

6. ... Ihren Auftrag. Wir führen ihn mit größter Sorgfalt aus.

7. ... unser Auftrag. Wir bitten Sie, ihn gemäß unseren Anweisungen auszuführen.

8. ... die neuesten Kataloge. Bitte schicken Sie sie postwendend.

9. ... Ihre Bedingungen. Wir können sie nicht annehmen.

10. ... die Muster. Wir schicken sie per Luftpost an die Adresse Ihres Kunden.

11. ... dieser Artikel. Unser Fabrikant stellt ihn nicht mehr her.

12. ... die Preise. Wir ermäßigen sie um 5%.

13. ... die Preise. Wir können sie nicht ermäßigen.

14. ... der Artikel. Sie müssen ihn heute an unseren Kunden absenden.

15. ... die Artikel. Wir können sie nicht mehr liefern.

16. ... die Muster. Wir schicken sie zu unseren Lasten per Luftpost.

17. ... die Preise. Sie müssen sie um 5% ermäßigen.

18. ... die Kataloge. Wir schicken sie heute mit getrennter Post.

19. ... Wir freuen uns, Ihnen mitteilen zu können, daß der Kunde Ihre Bedingungen annimmt.

20. ... unsere letzte Preisliste. Wir schicken sie anbei.

21. ... diese Ware. Wir haben sie nicht mehr am Lager.

22. Bitte informieren Sie uns postwendend, ob Sie unsere Bedingungen annehmen können.

23. ... die Muster. Bitte schicken Sie sie postwendend.

24. ... die Fabrikanten. Wir haben ihre Preislisten noch nicht.

10. Das Personalpronomen (Dativ)

Die Formen des Personalpronomens lauten im Dativ:

Dativ	**me**	(mir)	**nous**	(uns)
	te	(dir)	**vous**	(euch, Ihnen)
	lui	(ihm, ihr)	**leur**	(ihnen)

Für die Stellung, die Elision (ausgenommen »lui«) und die Verneinung gelten die Regeln wie beim Personalpronomen im 4. Fall.

Konjugation der unregelmäßigen Verben:

convenir (zusagen)
devenir (werden - Vollverb)
maintenir (aufrechterhalten)
soutenir (standhalten)
venir (kommen)

permettre (erlauben)
promettre (versprechen)
soumettre (unterbreiten)

je viens	nous venons
tu viens	vous venez
il vient	ils viennent

je soumets	nous soumettons
tu soumets	vous soumettez
il soumet	ils soumettent

Vokabeln:

angeben	indiquer
aufrechterhalten	maintenir
Ausfertigung	l'exemplaire (m)
- in 2facher A.	en double exemplaire
- in 3facher A.	en triple exemplaire
bald	bientôt
bis	jusque (Elision des »e« bei vokalem Anschluß)
Einführungsrabatt	le rabais d'introduction
empfehlen, jdm. etwas zu tun	recommander à qn de faire qch
Ende	la fin
Ende Juli	fin juillet
erlauben, jdm. etwas zu tun	permettre à qn de faire qch
fest (Angebot)	ferme
folgend	suivant, e
illustriert	illustré, e
kommen	venir
Lage, in der L. sein	être à même de; être en mesure de
raten, jdm. etwas zu tun	conseiller à qn de faire qch
sowie	ainsi que
und	et
unterbreiten	soumettre
Ursprungszeugnis	le certificat d'origine
versprechen, jdm. etwas zu tun	promettre à qn de faire qch
Versuchsauftrag	l'ordre d'essai
vor, einem Zeitpunkt	avant
vor Ende Juni	avant fin juin
vorschlagen, jdm. etwas zu tun	proposer à qn de faire qch
weil (im Nachsatz)	parce que
werden (Vollverb)	devenir
zusagen (gefallen)	convenir à qn

Übungen:

Ersetzen Sie das substantivische Dativobjekt durch das entsprechende Personalpronomen:
Nous envoyons une lettre **au client**. — Nous **lui** envoyons une lettre.

1. Nous soumettons des offres à nos clients.

2. Nous vendons une marchandise de première qualité à notre client.

3. J'envoie une offre à la maison Dupont & Cie.

4. Le client veut passer un ordre à son fournisseur.

5. Les fabricants accordent un rabais à Messieurs Dupont & Cie.

6. Nous ne conseillons pas à nos clients d'accepter ces conditions.

7. La maison envoie le catalogue à son client.

8. Nous recommandons à nos clients d'accepter ce prix.

9. Le fabricant peut offrir cet article à ses clients.

10. Cette qualité ne convient pas à nos clients.

11. Nous devons livrer cette marchandise à M. Duval.

Übersetzen Sie:

1. Anbei schicken wir Ihnen das Ursprungszeugnis.

2. Der Kunde erteilt uns mehrere Aufträge.

3. Wir sind bereit, Ihnen einen Einführungsrabatt von 5% zu gewähren.

4. Bitte schicken Sie mir postwendend Ihre Preisliste.

5. Wir können Ihnen diesen Artikel nicht mehr anbieten, weil der Fabrikant ihn nicht mehr herstellt.

6. Der Kunde bittet Sie, ihm die Rechnung in dreifacher Ausführung zuzuschicken.

7. Wir sind in der Lage, Ihnen ein sehr günstiges Angebot zu unterbreiten.

8. Bitte schicken Sie uns Ihren illustrierten Katalog.

9. Unsere Kunden bitten uns, ihnen nur feste Angebote zu unterbreiten.

10. Ich bitte Sie, mir Ihre Preisliste so schnell wie möglich zu schicken.

11. Ich kann Ihnen bedeutende Aufträge erteilen, wenn Sie mir Ihre Ware zu einem günstigen Preis anbieten.

12. Unser Kunde teilt uns mit, daß ihm die Qualität der Ware zusagt.

13. Wir bitten Sie, uns einige Muster zukommen zu lassen.

14. Bitte geben Sie uns Ihre Preise nur cif Casablanca an.

15. Der Fabrikant schlägt uns vor, ihm einen Versuchsauftrag zu erteilen.

16. Anbei schicken wir Ihnen unseren Auftrag, und wir bitten Sie, ihn so schnell wie möglich auszuführen.

17. Der Hersteller ist bereit, Ihnen Sonderrabatte zu gewähren.

18. Unsere Kunden bitten uns, ihnen Angebote für diesen Artikel zu unterbreiten.

19. Die Qualität der Ware sagt uns nicht zu.

20. Wir empfehlen Ihnen, uns so schnell wie möglich Ihren Auftrag zu erteilen, weil wir nicht sicher sind, ob wir die gegenwärtigen Preise noch lange aufrechterhalten können.

21. Mit gleicher Post schicken wir Ihnen unseren neuesten Katalog sowie unsere Preisliste.

22. Gemäß Ihrem Angebot vom 5. d.M. bitte ich Sie, mir die Ware bis zum 28. d.M. zukommen zu lassen.

23. Wir bieten Ihnen diesen Artikel zu (den) folgenden Bedingungen an: ...

24. Wir können Ihnen die Ware nicht vor Ende Juli schicken.

25. Wir freuen uns, Ihnen den Auftrag erteilen zu können.

26. Unser Kunde bittet uns, ihm ein neues Angebot zu unterbreiten.

27. Wir raten Ihnen, uns den Auftrag bald zu erteilen.

28. Unsere Kunden teilen uns mit, daß ihnen die Qualität der Ware zusagt.

11. Die reflexiven Verben, die Reflexivpronomen

Die für die Korrespondenz wichtigsten reflexiven (rückbezüglichen) Verben sind:

s'adresser à	sich wenden an
se décider à faire	sich entschließen zu tun
s'élever à	sich belaufen auf
s'empresser de faire	sich beeilen zu tun
s'engager à faire	sich verpflichten zu tun
s'entendre	sich verstehen
s'épuiser	sich erschöpfen, zur Neige gehen
s'intéresser à	sich interessieren für
s'occuper de	sich befassen mit
se permettre de	sich erlauben
se référer à	sich beziehen auf

Die Reflexivpronomen (rückbezügliche Fürwörter) lauten:

ich beziehe mich	je **me** réfère	nous **nous** référons	wir beziehen uns
du beziehst dich	tu **te** réfères	vous **vous** référez	Sie beziehen sich
er bezieht sich	il **se** réfère	ils **se** réfèrent	sie beziehen sich

Übersetzen Sie also wie folgt:

    Sie wenden **sich** an... **Vous vous** adressez à...
    Sie müssen **sich** wenden an... **Vous** devez **vous** adresser à...

Verneinung: Die Verneinung wird nach der gleichen Regel vorgenommen wie bei den Personalpronomina.
    Beispiele: Vous **ne** vous adressez **pas** à...
    Vous **ne** devez **pas** vous adresser à...

Achtung: Alle Verben auf »...ger« bilden die 1. Person Plural Präsens wie folgt:
    nous nous engag**e**ons
Achten Sie auf das zwischen »g« und »ons« geschobene »e«!

Vokabeln:

Alleinvertretung	**la représentation exclusive**	Fracht	**le fret**
antworten auf	**répondre à**	freibleibendes Angebot	**offre sans engagement**
sich beeilen, etw. zu tun	**s'empresser de faire qch**	Gespräch	**la conversation**
sich befassen mit	**s'occuper de**	heutig	**d'aujourd'hui**
sich belaufen auf	**s'élever à**	sich interessieren für	**s'intéresser à**
sich beziehen auf	**se référer à**	Produkt	**le produit**
da (Satzanfang)	**comme, étant donné que**	sofort, umgehend	**tout de suite**
entnehmen, einem Brief	**apprendre par**	Verladung	**l'embarquement (m)**
sich entschließen, etw. zu tun	**se décider à faire qch**	Verpackung	**l'emballage (m)**
		sich verpflichten zu tun	**s'engager à faire**
sich erlauben, etw. zu tun	**se permettre de faire qch**	sich verstehen	**s'entendre**
Fall, im F. von	**en cas de**	sich wenden an	**s'adresser à**

Übungen:

Setzen Sie die richtige Verbform ein: Je _____ le fabricant (s'adresser). — Je m'adresse au fabricant.

1. Nous _____ votre annonce. (se référer)
2. Nos clients _____ vos articles. (s'intéresser)
3. Je _____ la conversation avec votre représentant. (se référer)
4. Veuillez _____ notre fabricant. (s'adresser)
5. Je _____ ces articles. (s'intéresser)
6. Le client _____ la maison Dupont & Cie. (s'adresser)
7. Vous _____ nos articles. (s'intéresser)
8. Nous _____ répondre à votre lettre. (s'empresser)
9. Le rabais _____ 5 %. (s'élever)
10. Nous _____ vous envoyer nos catalogues. (se permettre)
11. Les clients _____ couvrir l'assurance. (s'engager)
12. Le fabricant _____ ses conditions de vente. (se référer)

Übersetzen Sie:

1. Seit langem schon befassen wir uns mit dem Export dieser Artikel.

2. Unsere Kunden interessieren sich für Ihre Artikel.

3. Da Sie sich für unsere Waren interessieren, unterbreiten wir Ihnen heute ein sehr günstiges Angebot.

4. Wir beziehen uns auf Ihre Annonce in »L'Industrie française«.

5. Wir bitten Sie, sich an unseren Fabrikanten zu wenden.

6. Unser Kunde interessiert sich für Ihre Produkte.

7. Wir können uns nicht entschließen, Ihnen diesen Auftrag zu erteilen.

8. Unsere Preise verstehen sich fob Hamburg, Verpackung zu Ihren Lasten.

9. Im Fall von Verkauf fob oder c&f verpflichten Sie sich, die Versicherung vor der Verladung zu decken.

10. Unsere Rechnung beläuft sich auf DM 34.356,–.

11. Die Käufer wenden sich an ihren Fabrikanten.

12. Ich interessiere mich für die Alleinvertretung Ihrer Artikel.

13. Sie müssen sich an die Firma Huber & Co wenden.

14. Unsere Angebote verstehen sich freibleibend.

15. Wir beziehen uns auf Ihr heutiges Telegramm.

16. Wir freuen uns, Ihrem Brief zu entnehmen, daß Sie sich für unsere Artikel interessieren.

17. Wir beeilen uns, auf Ihren Brief vom 8. d.M. zu antworten.

18. Wir erlauben uns, Ihnen unsere Kataloge sowie unsere letzte Preisliste zu schicken.

19. Wir beeilen uns, Ihnen mitzuteilen, daß wir diesen Artikel nicht mehr liefern können.

12. Der Fragesatz, das Fragepronomen

Bei der Bildung der Frage ist zunächst zu prüfen, ob das Subjekt ein Personalpronomen oder ein Substantiv ist.

1. Das Subjekt des Fragesatzes ist ein Personalpronomen
Der Fragesatz wird durch **Inversion** gebildet, d. h., das Subjekt steht **nach** dem konjugierten Verb. Es wird durch einen Bindestrich angeschlossen.

Aussagesatz:	Vous pouvez	envoyer cet article.
Frage ohne Fragewort:	Pouvez-vous	envoyer cet article?
Frage mit Fragewort:	Quand pouvez-vous	envoyer cet article?
Verneinte Frage:	Ne pouvez-vous pas	envoyer cet article?

2. Das Subjekt des Fragesatzes ist ein Substantiv
Der Fragesatz wird durch die **absolute Fragekonstruktion** gebildet, d. h., das Subjekt wird in Form des entsprechenden Personalpronomens **nach** dem konjugierten Verb wiederholt. Es wird durch einen Bindestrich angeschlossen.

Aussagesatz:	Le fabricant	offre	cet article.
	La maison	offre	cet article.
Frage ohne Fragewort:	Le fabricant	offre-t-il	cet article?
	La maison	offre-t-elle	cet article?
Frage mit Fragewort:	Quand les fabricants	offrent-ils	cet article?
	Quand les maisons	offrent-elles	cet article?
Verneinte Frage:	Le fabricant	n'offre-t-il pas	cet article?
	Les maisons	n'offrent-elles pas	cet article?

Achtung: Bei der 3. Person Singular der Verben auf »...er« sowie bei den Verben, die wie diese konjugiert werden, wird zur Erleichterung der Aussprache ein »-t-« zwischen dem konjugierten Verb und dem Personalpronomen eingefügt.

3. Bildung der Frage mit der Umschreibung »est-ce que«
Der Fragesatz wird am einfachsten mit der Umschreibung »est-ce que« gebildet. Wegen der Unkompliziertheit ist diese Fragekonstruktion in der gesprochenen Sprache sehr beliebt.

Frage ohne Fragewort:	Est-ce que le fabricant	offre	cet article?
	Est-ce qu'il	offre	cet article?
Frage mit Fragewort:	Quand est-ce que le fabricant	offre	cet article?
	Quand est-ce qu'il	offre	cet article?
Verneinte Frage:	Est-ce que le fabricant	n'offre pas cet article?	
	Est-ce qu'il	n'offre pas cet article?	

4. Das Fragepronomen

Das **substantivische** Fragepronomen lautet

	bei Personen	bei Sachen	
Nominativ	**qui** (wer)	**qu'est-ce qui**	(was)
Akkusativ	**qui** (wen)	**que** oder **qu'est-ce que**	(was)
	Mit Präposition:		
	Präposition + qui	**Präposition + quoi**	

Beispiele: De qui parlez-vous? (Von wem sprechen Sie?)
De quoi parlez-vous? (Wovon sprechen Sie?)

Achtung: Ist das Fragepronomen Subjekt des Satzes, erfolgt keine Umstellung

Beispiel: Qui exporte ces marchandises? (Wer exportiert diese Waren?)

Das **adjektivische** Fragepronomen lautet bei Personen und Sachen:

	Mask.	Fem.
Sing.	**quel** (welcher)	**quelle** (welche)
Plur.	**quels** (welche)	**quelles** (welche)

Das adjektivische Fragepronomen richtet sich stets nach dem dazugehörigen Substantiv.

Beispiele: Quel article pouvez-vous livrer? (Welchen Artikel können Sie liefern?)
Quels articles pouvez-vous livrer? (Welche Artikel können Sie liefern?)
Quelles sont vos conditions? (Welches sind Ihre Bedingungen?)
Quels sont vos prix? (Welches sind Ihre Preise?)

Vokabeln:

Auftragsbestätigung	**la confirmation d'ordre**	wann	**quand**
erhalten (durch Bemühung)	**obtenir**	warum	**pourquoi**
früher	**plus tôt**	was	**qu'est-ce qui** (1. Fall)
seit wann	**depuis quand**		**que, qu'est-ce que** (4. Fall)
sollen	**devoir**		
sprechen	**parler**	welche	**quelle, quels, quelles**
sprechen über	**parler de**	welcher	**quel**
sprechen mit jdm	**parler avec qn, parler à qn**	wen	**qui**
Stück	**la pièce**	wer	**qui**
umfassen	**comprendre**	wieviel	**combien de**
Verbindung,		wo	**où**
sich in V. setzen mit	**contacter qn**	wohin	**où**

Übungen:

Formen Sie den Aussagesatz in eine Frage um: Vos prix sont avantageux. — Vos prix sont-ils avantageux?

1. Vos conditions sont compétitives.

2. Il peut livrer cette marchandise.

3. Vos clients sont contents de la marchandise.

4. Les clients virent le montant de la facture.

5. Vos fabricants peuvent réduire leurs prix.

6. Notre banque peut nous accorder un crédit.

7. Nos clients acceptent ces conditions.

8. Votre maison exporte cet article.

9. Vos prix s'entendent cif Casablanca.

10. Votre fabricant est prêt à nous accorder un rabais.

11. La banque nous accorde un crédit.

12. Le client couvre l'assurance à Hambourg.

13. La marchandise convient à vos clients.

14. Votre client nous passe un ordre.

15. La maison Dubois travaille dans cette branche depuis longtemps déjà.

Übersetzen Sie:

1. Welche Bedingungen können Sie uns geben?

2. Haben Sie die Ware auf Lager?

3. Brauchen Sie die Ware vor dem 31. März?

4. Welches sind Ihre Verkaufsbedingungen?

5. Welche Artikel können Sie uns sofort liefern?

6. Welche Rabatte können Sie uns gewähren?

7. Wann kann Ihr Fabrikant uns die Ware schicken?

8. Warum kann Ihr Fabrikant uns die Ware nicht früher liefern?

9. Warum sagt die Qualität unserer Ware Ihren Kunden nicht zu?

10. An wen muß ich mich wenden, wenn ich folgende Information erhalten will?

11. Seit wann arbeitet Ihre Firma in dieser Branche?

12. An welche Adresse sollen wir diese Ware schicken?

13. Wann kann Ihr Hersteller 10.000 Stück liefern?

14. Welche Firma stellt diesen Artikel her?

15. Wann können Sie die Ware abschicken?

16. Welche Mengen können Sie sofort liefern?

17. Wieviele Kisten soll die erste Lieferung umfassen?

18. Sind Ihre Kunden mit der Qualität der Waren zufrieden?

19. Mit welchen Fabrikanten arbeiten Sie zusammen?

20. Sollen wir Ihnen die Ware sofort nach der Auftragsbestätigung schicken?

21. Mit wem muß ich mich in Verbindung setzen, um diese Information zu erhalten?

22. Was benötigen Sie?

23. Mit wem möchten (wollen) Sie sprechen?

24. Womit sind Sie nicht zufrieden?

25. Wofür interessieren Sie sich?

13. Das Relativpronomen

Die Formen der häufigsten Relativpronomen (bezügliches Fürwort) lauten:

> Nominativ: **qui**
> Akkusativ: **que**

Im Gegensatz zum Deutschen bleiben Geschlecht und Zahl des Bezugswortes bei **qui** und **que** unberücksichtigt.

Beispiele: Le prix **qui** est favorable... — Der Preis, der günstig ist...
Les conditions **qui** sont avantageuses... — Die Bedingungen, die günstig sind...
La lettre **que** nous envoyons... — Der Brief, den wir schicken...
Les ordres **que** nous passons... — Die Aufträge, die wir erteilen...

Wenn eine Präposition (**avec, pour, sans** usw.) vor dem Relativpronomen steht, lauten dessen Formen:

> bei Sachen: bei Personen:
> Präposition + **lequel**   Präposition + **qui**
>   **laquelle**
>   **lesquels**
>   **lesquelles**

Beispiele: La maison avec **laquelle** nous coopérons...
Les maisons avec **lesquelles** nous coopérons...
Le client avec **qui** nous coopérons...
Les clients avec **qui** nous coopérons...

Das Relativpronomen **lequel** richtet sich also in Geschlecht und Zahl nach dem Bezugswort.

Achtung: 1. Die Präposition **à** verbindet sich mit dem Relativpronomen **lequel** zu folgenden Formen:

	Maskulin	Feminin
Singular	**auquel**	**à laquelle**
Plural	**auxquels**	**auxquelles**

2. Die Präposition **de** vor einem Relativpronomen führt zu der Sonderform **dont**, die unveränderlich ist.

Beispiele: Nous ne connaissons pas les conditions de livraison **de la** firme.
Relativsatz: La maison **dont** nous ne connaissons pas les conditions de livraison.
(Die Firma, **deren** Lieferbedingungen wir nicht kennen.)

Nous sommes contents **de la** qualité.
Relativsatz: La qualité **dont** nous sommes contents.
(Die Qualität, **mit der** wir zufrieden sind.)

Zur Form des neutralen Relativpronomens »was« siehe Anm. 4.

Konjugation der unregelmäßigen Verben:

connaître (kennen)
je connais   nous connaissons
tu connais   vous connaissez
il connaît   ils connaissent

écrire (schreiben)
j'écris   nous écrivons
tu écris   vous écrivez
il écrit   ils écrivent

prendre (nehmen)
je prends   nous prenons
tu prends   vous prenez
il prend   ils prennent

Vokabeln:

Aufstellung	**le relevé**
augenblicklich	**actuellement**
behalten	**garder**
bitten, jdn. um etwas b.	**(nur:) demander qch à qn**
jdn. bitten, etwas zu tun	**1. prier qn de faire qch**
	2. demander à qn de faire qch
entsprechen	**correspondre à**
Information über	**l'information (f) de qn, sur qch**
kennen	**connaître**
Konto	**le compte (en banque)**
leider (Adv.)	**malheureusement**
Maschine	**la machine**
mit	**avec**
nehmen	**prendre**
Preisnachlaß	**la réduction de prix, la remise**
schreiben	**écrire**
standhalten (d. Konkurr.)	**soutenir la concurrence**
Teil	**la partie**
verfügen über	**disposer de**
Vorschlag	**la proposition**
zusammenarbeiten mit	**coopérer avec**
Zustand	**l'état (m)**
— in gutem Zustand	**en bon état**

Übungen:

Setzen Sie das Relativpronomen ein:

1. Les prix _____ vous indiquez.

2. Les clients _____ ne sont pas contents de la marchandise.

3. La qualité _____ nos clients ne sont pas contents.

4. La maison _____ vous pouvez vous adresser est...

5. Les marchandises _____ nous avons besoin.

6. L'offre _____ nous vous soumettons est avantageuse.

7. Les articles _____ nous ne disposons plus.

8. Le fabricant _____ nous coopérons.

9. L'offre _____ est avantageuse.

10. Les offres _____ nous vous remercions.

11. Les conditions _____ la concurrence offre cette marchandise.

12. La qualité _____ nous vous offrons.

13. Le rabais _____ nous pouvons vous accorder.

14. Les clients _____ cette qualité ne convient pas.

15. Le montant de la facture _____ s'élève à 10.000 F

Übersetzen Sie:

1. Die Preise, die Sie angeben, sind zu hoch.

2. Wir danken Ihnen für den Rabatt, den Sie uns gewähren wollen.

3. Das ist eine Firma, die wir schon lange kennen.

4. Das Angebot, das Sie uns unterbreiten, ist sehr interessant.

5. Hiermit bestätigen wir den Erhalt Ihres Briefes vom 5. d. M., für den wir Ihnen sehr danken.

6. Unsere Kunden, mit denen wir schon seit langem zusammenarbeiten, wollen nur Waren erster Qualität kaufen.

7. Wir behalten den Teil der Ware, der in gutem Zustand ist.

8. Die Lieferfristen, die Sie angeben, sind zu lang.

9. Das Angebot, das Sie uns unterbreiten, können wir leider nicht annehmen.

10. Anbei schicken wir Ihnen unsere Rechnung, die sich auf DM 21.345,— beläuft.

11. Wir müssen Ihnen mitteilen, daß die Ware, die Sie uns anbieten, zu teuer ist.

12. Der Fabrikant, der uns die Maschinen anbietet, will uns einen Preisnachlaß gewähren.

13. Wir können Ihnen den Artikel, um den Sie uns bitten, nicht liefern.

14. Sie können über den Teil der Ware verfügen, mit dem wir nicht zufrieden sind.

15. Für die Aufträge, die Sie uns in diesem Monat erteilen, gewähren wir Ihnen einen Sonderrabatt.

16. Die Artikel, von denen wir Ihnen heute einige Muster schicken, sind augenblicklich am Lager.

17. Leider können wir Ihnen die Maschinen, für die Sie sich interessieren, nicht liefern.

18. Die Firma, an die Sie sich wenden können, ist...

19. Die Rabatte, die Sie zu gewähren bereit sind, sind recht niedrig.

20. Die Preise, die Sie angeben, können der Konkurrenz nicht standhalten.

21. Anbei eine Aufstellung der Waren, die wir benötigen.

22. Das Angebot, das Sie uns unterbreiten, können wir nicht annehmen.

23. Wir bestätigen den Erhalt Ihres Briefes vom 28. vergangenen Monats, aus dem wir entnehmen, daß Sie die Waren noch nicht liefern können.

24. Die Bedingungen, zu denen die Konkurrenz diesen Artikel anbietet, sind sehr günstig.

25. Anbei eine Liste der Waren, für die wir uns interessieren.

26. Sie müssen die Preise, die Sie angeben, um 3 % ermäßigen, wenn Sie konkurrenzfähig bleiben wollen.

27. Die Qualität, die wir Ihnen anbieten können, ist ausgezeichnet.

28. Die Vorschläge, die Sie uns unterbreiten, sind sehr interessant.

14. Das Perfekt

Das Perfekt (vollendete Gegenwart) wird gebildet mit dem Präsens von **»avoir«** oder **»être«** und dem zweiten Partizip (Mittelwort der Vergangenheit).

> Perfekt: **Präsens von »avoir« + zweites Partizip**
> bei einigen Verben:
> Perfekt: **Präsens von »être« + zweites Partizip**

Zweites Partizip der regelmäßigen Verben:

Infinitiv	Zweites Partizip	
acheter	achet**é**	(gekauft)
finir	fin**i**	(beendet)
vendre	vend**u**	(verkauft)

Zweites Partizip der wichtigsten unregelmäßigen Verben:

Infinitiv	Zweites Partizip	Infinitiv	Zweites Partizip
aller	allé (e)	**offrir**	offert (e)
avoir	eu (e)	**ouvrir**	ouvert (e)
connaître	connu (e)	**se plaindre**	plaint (e)
croire	cru (e)	**pouvoir**	pu (e)
devoir	dû (e)	**prendre**	pris (e)[2]
dire	dit (e)	**produire**	produit (e)[3]
écrire	écrit (e)	**recevoir**	reçu (e)
être	été	**tenir**	tenu (e)[4]
faire	fait (e)	**venir**	venu (e)[5]
lire	lu (e)	**voir**	vu (e)
mettre	mis (e)[1]	**vouloir**	voulu (e)

[1] so auch: commettre, permettre, promettre, remettre, soumettre, transmettre
[2] so auch: apprendre, comprendre
[3] so auch: réduire
[4] so auch: contenir, maintenir, obtenir, retenir, soutenir
[5] so auch: convenir, devenir, parvenir, revenir

Das Perfekt der mit »avoir« verbundenen Verben:

j'	**ai**	acheté	(ich habe gekauft)
tu	**as**	acheté	(du hast gekauft)
il	**a**	acheté	(er hat gekauft)
elle	**a**	acheté	(sie hat gekauft)
nous	**avons**	acheté	(wir haben gekauft)
vous	**avez**	acheté	(Sie haben/ihr habt gekauft)
ils	**ont**	acheté	(sie haben gekauft)
elles	**ont**	acheté	(sie haben gekauft)

Stellung des Personalpronomens:	Das Personalpronomen steht vor dem konjugierten Verb (vergl. Lektion 9 und 10): Beispiel: Nous avons exécuté l'ordre. Nous l'avons exécuté.
Die Verneinung:	Die Verneinungsadverbien umschließen das konjugierte Verb (vergl. Lektion 4): Beispiel: Nous n'avons pas exécuté l'ordre. Nous ne l'avons pas exécuté.
Veränderlichkeit des Partizips:	Das mit »avoir« verbundene Partizip wird grundsätzlich nicht verändert. **Ausnahme:** Geht ein Akkusativobjekt voran, dann richtet sich das Partizip in Geschlecht und Zahl nach diesem.

Das Akkusativobjekt kann sein:

Ein Relativpronomen:	La lettre **que** nous avons reç**ue**. (Der Brief, den wir erhalten haben.)
Ein Personalpronomen:	Il a écrit la lettre. (Er hat den Brief geschrieben.) Nous **l'**avons reç**ue**. (Wir haben ihn erhalten.) Il a écrit des lettres. (Er hat Briefe geschrieben.) Nous **les** avons reç**ues**. (Wir haben sie erhalten.)
Ein Fragepronomen + Substantiv:	**Combien de lettres** avez-vous écrit**es**? (Wieviele Briefe haben Sie geschrieben?)
Ein Fragewort + Substantiv:	**Quelle lettre** a-t-il reç**ue**? (Welchen Brief hat er erhalten?)

Das Perfekt der mit »être« verbundenen Verben:

Mit »être« verbundene Verben sind: **alle reflexiven Verben** (siehe Lektion 11) sowie folgende Verben:

aller	(gehen, fahren)	**rester**	(bleiben)
arriver	(ankommen)	**retourner**	(zurückkehren)
devenir	(werden als Vollverb)	**venir**	(kommen)
entrer	(eintreten)		(aber »convenir« mit
partir	(weggehen, abreisen)		»avoir«!)

Die Perfektformen dieser Verben werden wie folgt gebildet:

je	**suis**	ven**u**	(ich bin gekommen)
tu	**es**	ven**u**	(du bist gekommen)
il	**est**	ven**u**	(er ist gekommen)
elle	**est**	ven**ue**	(sie ist gekommen)
nous	**sommes**	ven**us**	(wir sind gekommen)
vous	**êtes**	ven**us**	(Sie sind/ihr seid gekommen)
ils	**sont**	ven**us**	(sie sind gekommen)
elles	**sont**	ven**ues**	(sie sind gekommen)

Verneinung:	Ils **ne** sont **pas** venus.
Veränderlichkeit des Partizips:	Das mit »être« verbundene Partizip richtet sich in Geschlecht und Zahl nach dem **Subjekt**. **Ausnahme:** Das Partizip der reflexiven Verben richtet sich in Geschlecht und Zahl nach dem vorangehenden Akkusativobjekt. Das Akkusativobjekt ist sehr häufig das Reflexivpronomen. Beispiel: L'assurance **s'**est occup**ée** de cette affaire. (Die Versicherung hat sich mit dieser Angelegenheit befaßt.)

Die unmittelbare Vergangenheit wird mit dem Präsens von »venir de« und dem Infinitiv des betreffenden Verbs ausgedrückt:

> Unmittelbare Vergangenheit:
> **Präsens von »venir de« + Infinitiv**

Beispiel: Nous **venons de recevoir** votre lettre. — (Wir haben **soeben** Ihren Brief erhalten.)

Vokabeln:

ankommen	arriver
anvertrauen, jdm. etwas	confier qch à qn.
bekannt	connu, e
sich beschweren über	se plaindre de
deshalb	c'est pourquoi
deswegen	c'est pourquoi
einhalten (Termine, Bedingungen usw.)	observer
eintreten (in Geschäftsbeziehungen)	entrer en ...
empfangen	recevoir (je reçois, nous recevons, ils reçoivent)
erhalten (durch Einsatz)	obtenir
Ersatzteil	la pièce de rechange
fahren	aller
fehlend	manquant, e
festsetzen	fixer, stipuler
feststellen	constater
für	pour
gehen	aller
Geschäftsbeziehung	la relation d'affaires
gestern	hier
gewünscht	demandé, e; désiré, e
Hälfte	la moitié
Handelskammer	la chambre de commerce
hiesig	d'ici; de cette ville
immer	toujours
inzwischen	entretemps
Irrtum	l'erreur (f)
mir ist ein I. unterlaufen	j'ai fait (commis) une erreur
Jahr	l'an (m), l'année (f)
Kiste	la caisse
kurzfristig	à bref délai
Liefertermin	la date de livraison
niemals	ne ... jamais
obenerwähnt	susmentionné, e
Prospekt	le prospectus
recht (Adv)	assez
rechtzeitig	à temps
Rohstoff	la matière première
Schwierigkeit	la difficulté
sehen	voir (je vois, nous voyons, ils voient)
solch (Adj.)	tel, telle
suchen	chercher
Telegramm	le télégramme
übergeben	transmettre
Verkauf	la vente
vor	il y a*
vor zwei Wochen	il y a deux semaines
wegfahren	partir (je pars, nous partons)
weggehen	partir
zurückhalten	retenir
zurückkommen	revenir
zurückschicken	retourner (mit »avoir« verbunden)

* vom Zeitpunkt des Sprechens zurückgerechnet.

Übungen:

Setzen Sie ins Perfekt:

1. Nous exécutons votre ordre.

2. Nos clients acceptent ces conditions de vente.

3. Les fabricants produisent ces articles.

4. Les clients sont contents de la qualité.

5. Nous nous décidons à vous passer un ordre.

6. Nous n'acceptons pas ces conditions de vente.

7. J'écris une lettre au fournisseur.

8. Vous effectuez la livraison.

9. Le fabricant n'augmente pas ses prix.

10. Nos clients se réfèrent à votre annonce.

11. Nous ouvrons un accréditif en votre faveur.

12. Le client est content de l'éxécution de l'ordre.

13. Le fournisseur expédie l'envoi.

14. Notre fabricant offre les marchandises suivantes.

15. Je m'empresse de vous envoyer les échantillons.

16. Les fabricants ne livrent pas la marchandise à temps.

17. Je ne coopère pas avec cette maison.

18. Nous vendons ces articles.

19. Vous nous promettez d'expédier la marchandise à temps.

20. Nous lisons votre annonce.

21. J'examine votre offre.

22. Vous vous adressez à notre fabricant.

23. Nous ne produisons pas cet article.

24. Le client reçoit l'envoi.

25. Nos clients ont des difficultés avec cet article.

26. Vous voulez entrer en relations d'affaires avec nous.

27. Je dois augmenter mes prix.

28. Notre client se décide à acheter cet article.

29. Je ne vends pas ces articles.

30. La marchandise arrive en bon état.

31. Vous réduisez vos prix.

32. Nous pouvons accepter ces conditions.

33. J'apprends par votre lettre.

34. Les clients ne sont pas contents de la qualité.

35. Nous entrons en relations d'affaires avec la maison Dubois.

36. Vous nous soumettez une offre très favorable.

Bilden Sie die Perfektformen nach folgendem Beispiel: J'introduis la marchandise. — La marchandise que j'ai introduite.

1. Nous écrivons la lettre.

2. Le fabricant produit cette marchandise.

3. J'ouvre l'accréditif en votre faveur.

4. Vous nous soumettez l'offre.

5. M. Dupont introduit ces articles sur le marché français.

6. Nous acceptons ces conditions.

7. J'offre cette marchandise à mes clients.

8. Les fabricants vendent les marchandises.

9. La maison Dubois paie la facture.

10. Nous examinons votre offre.

Übersetzen Sie:

1. Wir haben Ihren Brief vom 6. d. M. erhalten.

2. Ihre Sendung ist nicht rechtzeitig angekommen.

3. Wir haben Ihren Auftrag ausgeführt.

4. Sie haben den Liefertermin nicht eingehalten.

5. Wir haben Ihrem Brief vom 2. d. M. entnommen, daß Sie sich für unsere Produkte interessieren.

6. Er hat uns ein günstiges Angebot unterbreitet.

7. Der Fabrikant hat uns versprochen, die Ware umgehend zu schicken.

8. a) Wir haben unseren Kunden die Kataloge geschickt.

8. b) Wir haben ihnen die Kataloge geschickt.

8. c) Wir haben sie unseren Kunden geschickt.

9. Unser Kunde hat die Sendung überprüft und festgestellt, daß Sie nicht die gewünschte Menge geliefert haben.

10. Unsere Fabrikanten haben uns mitgeteilt, daß sie diesen Artikel nicht mehr herstellen.

11. Wir haben Ihnen die Kataloge postwendend geschickt.

12. Wir haben soeben erfahren, daß unser Fabrikant die Preise erhöht hat.

13. Ich habe Ihre Angebote erhalten und habe sie geprüft.

14. Leider haben wir Ihre Bedingungen nicht annehmen können.

15. Die Ware, die wir erhalten haben, entspricht den Mustern.

16. Wir haben feststellen müssen, daß Ihre Preise zu hoch sind.

17. Die Bedingungen, die Sie vorgeschlagen haben, sind recht günstig.

18. Unsere Versicherung hat sich mit dieser Angelegenheit befaßt.

19. Sie haben eine Ware geliefert, die wir nicht bestellt haben.

20. Ich habe soeben Ihr Telegramm erhalten.

21. Die hiesige Handelskammer hat uns mitgeteilt, daß Sie Importeur der obengenannten Artikel sind.

22. Wir können Ihnen mitteilen, daß sich die Firma Dupont entschlossen hat, uns den Verkauf ihrer Erzeugnisse anzuvertrauen.

23. Mehrere Kunden haben sich über die langen Lieferfristen beschwert.

24. Sie haben die festgesetzte Frist nicht eingehalten.

25. Wir haben den Fabrikanten gebeten, Ihnen die fehlenden Stücke per Luftpost zu schicken.

26. Ich habe meinen Kunden diese Ware nicht anbieten können.

27. Die Kisten sind in gutem Zustand angekommen.

28. Wir sind vor 6 Monaten mit dieser Firma in Geschäftsbeziehungen getreten.

29. Leider hat unser Vertreter nicht nach Lyon kommen können.

30. Inzwischen haben wir Ihre Lieferung erhalten.

31. Der Lieferant hat uns diesen Artikel zu einem Sonderpreis angeboten.

32. Unsere Fabrikanten haben einen solchen Artikel niemals hergestellt.

33. Diese Firma ist sehr bekannt.

34. Ihr Vertreter hat uns gesagt, daß Sie 2.000 Stück kurzfristig liefern können.

35. Wir haben die Prospekte nicht erhalten.

36. Ich habe Ihren Brief vom 17. d. M. erhalten, für den ich Ihnen danke.

37. Unser Vertreter hat uns soeben mitgeteilt, daß Sie sich für den Artikel X interessieren.

38. Die Preise der Rohstoffe sind vorige Woche gestiegen.

39. In Ihrer Annonce habe ich gelesen, daß Sie einen Vertreter suchen.

40. Wir haben die fehlenden Stücke noch nicht erhalten.

15. Das Futur I — Das Pronomen »tout«

Das Futur I

Das Futur (Zukunft) wird gebildet, indem an den Infinitiv (= Futurstamm) die Präsensformen von »avoir« gehängt werden:

> je donner + **ai** = je donner**ai**
> nous donner + (av)**ons** = nous donner**ons**
>
> Die Formen lauten:
>
> je donner**ai** (ich werde geben) nous donner**ons** (wir werden geben)
> tu donner**as** du wirst geben vous donner**ez** (Sie werden/ihr werdet geben)
> il donner**a** (er wird geben) ils donner**ont** (sie werden geben)

Die Infinitivendung »e« wird elidiert (vendre, je vendrai).

Ausnahmen: Einige Verben haben einen Futurstamm, der nicht mit dem Infinitiv übereinstimmt. Dazu gehören:

aller - j'irai	envoyer - j'enverrai	pouvoir - je pourrai	venir - je viendrai
avoir - j'aurai	être - je serai	recevoir - je recevrai	voir - je verrai
devoir - je devrai	faire - je ferai	tenir - je tiendrai	vouloir - je voudrai

Achtung: Das Futur kann im Französischen auch durch das Präsens von »aller« + Infinitiv gebildet werden. Beispiel: Ich werde kommen - Je vais venir. Wir werden schicken - Nous allons envoyer.

Diese Form des Futurs ist in der Handelskorrespondenz **nicht** üblich.

Im Gegensatz zum Deutschen, das ein zukünftiges Geschehen oder einen zukünftigen Zustand auch im Präsens ausdrücken kann, muß im Französischen stets das Futur verwendet werden, wenn von Handlungen oder Zuständen in der Zukunft die Rede ist. Dies gilt besonders, wenn adverbielle Bestimmungen der Zeit auf die Zukunft verweisen, z. B.:

demain (morgen)　　　　　　　　　　**dans une semaine** (in einer Woche)
dans deux jours (in, nach zwei Tagen)　**dans les deux semaines** (in, binnen zwei Wochen)
dans les huit jours (in, binnen acht Tagen)　**le mois prochain** (nächsten Monat)

Nach **»espérer«** (hoffen) steht im Nebensatz stets Futur, wenn auf die Zukunft verwiesen wird.

Beispiel: J'espère que la qualité vous conviendra.
(Ich hoffe, daß Ihnen die Qualität zusagt, zusagen wird.)

Futur II (vollendete Zukunft) siehe Anmerkung 5.

Das Pronomen »tout«

»tout« als **Substantiv** verwendet, hat folgende Formen und Bedeutungen:

> Singular: Il a compris **tout**. (Er hat **alles** verstanden.)
> Plural: Ils sont venus **tous**. (Sie sind **alle** gekommen.)
> Elles sont venues **toutes**. (Sie sind **alle** gekommen.)

»tout« als **Adjektiv** verwendet, hat folgende Formen und Bedeutungen:

> Singular: **tout le** magasin (das **ganze** Lager)
> **toute la** ville (die **ganze** Stadt)
> Plural: **tous les** clients (**alle** Kunden)
> **toutes les** caisses (**alle** Kisten)

In der Regel steht zwischen dem adjektivischen »tout« und dem folgenden Substantiv der bestimmte Artikel, ein Demonstrativ- oder ein Possessivpronomen.
Abweichend von dieser Regel findet man in der Handelskorrespondenz auch folgende Wendungen:
en tout cas (auf jeden Fall, in jedem Fall)   tous frais à notre charge (alle Kosten zu unseren Lasten)
assurer contre tous risques (gegen alle Risiken versichern)   toutes sortes de (alle Arten von)

Vokabeln:

alle	**tous, toutes**	in einem Monat	**dans un mois**
alles	**tout**	Kopie	**la copie**
Art	**la sorte**	Kosten	**les frais (m), les coûts (m)**
Anlage	**l'annexe (f),**	lange (Adv)	**longtemps**
	la pièce jointe (Abk. P. J.)	Luftfracht	**le fret aérien**
in der Anlage	**ci-joint**	per Luftfracht	**par fret aérien**
Aufmerksamkeit	**l'attention (f)**	Modell	**le modèle**
aufmerksam machen auf	**attirer l'attention sur le fait**	möglich	**possible**
Auftragszettel	**le bon de commande**	es ist möglich, etw. zu tun	**il est possible de faire qch**
bis auf weiteres	**jusqu'à nouvel ordre**	sein möglichstes zu tun	**faire tout son possible pour**
ebenso (günstig)	**aussi (favorable)**	morgen	**demain**
einlagern	**emmagasiner**	nach (zeitl.)	**après**
Einzelheit	**le détail**	nächster	**prochain, e**
Empfang	**la réception**	Risiko	**le risque**
Erhalt	**la réception**	Summe	**la somme**
nach Erhalt	**après réception**	Tag	**le jour**
Fernschreiben	**le télex**	technisch	**technique**
finden	**trouver**	Teilverladung	**l'embarquement partiel**
ganz	**tout**	überzeugt sein	**être convaincu**
gegen	**contre**	jdn. veranlassen,	**inciter qn à faire qch**
gleich (Adj.)	**même**	etw. zu tun	
gutschreiben, jdm etwas g.	**créditer qn de qch**	vermeiden zu tun	**éviter de faire**
hoffen	**espérer**	versichern	**assurer**
ich hoffe, daß	**j'espère que**	Versicherungspolice	**la police**
ich hoffe zu tun	**j'espère faire**		**d'assurance**
in acht Tagen	**dans les huit jours (binnen)**	Woche	**la semaine**
in zwei Tagen	**dans deux jours (nach)**	nächste Woche	**la semaine prochaine**

Übungen:

Setzen Sie die folgenden Sätze ins Futur:

1. J'exécute votre ordre.

2. La marchandise arrive à temps.

3. Nous ouvrons un compte à la Banque Nationale.

4. Je vous accorde un rabais de 5 %.

5. Les prix augmentent.

6. Les clients n'acceptent pas les conditions.

7. Vous recevez une copie.

8. La firme Garnier nous représente en France.

9. Nous vous passons l'ordre.

10. Notre banque s'occupe de cette affaire.

11. Vous avez le bon de commande.

12. Les commandes que nous exécutons...

13. Nos clients ont des difficultés avec ce modèle.

14. Le fabricant fait tout son possible.

15. Cette qualité convient à nos clients.

16. Nous vous envoyons quelques échantillons.

17. Vous êtes contents de la qualité.

18. Je peux vous soumettre une offre avantageuse.

19. Les fabricants doivent baisser leurs prix.

20. Vous recevez les échantillons.

Übersetzen Sie:

1. Morgen schicken wir Ihnen alle Muster.

2. Der Hersteller wird Ihren Auftrag mit großer Sorgfalt ausführen.

3. Anbei finden Sie unsere Proformarechnung.

4. Ich werde die Rechnung nach Erhalt der Ware bezahlen.

5. Wir hoffen, daß wir in der Lage sein werden, die gegenwärtigen Preise noch lange zu halten.

6. Wir werden unser möglichstes tun, den Auftrag gemäß den Anweisungen auszuführen, die Sie uns gegeben haben.

7. Sie werden alle gewünschten Kataloge so schnell wie möglich erhalten.

8. Wir sind sicher, daß Ihnen die Qualität der Ware zusagen wird.

9. Der Kunde wird die Ware bis auf weiteres einlagern.

10. Wir werden unser möglichstes tun, um den Auftrag rechtzeitig auszuführen.

11. Die Qualität der Waren wird der Qualität der Muster entsprechen müssen.

12. Der Hersteller wird Ihnen die Ware nicht vor Ende März schicken können.

13. Wir hoffen, daß unsere Preise Sie veranlassen werden, uns einen ersten Auftrag zu erteilen.

14. Nächsten Monat werde ich nicht in der Lage sein, Ihnen ein ebenso günstiges Angebot zu unterbreiten.

15. Ich werde Ihnen den Betrag von DM... gutschreiben.

16. Ihr Angebot wird sehr günstig sein müssen, weil die Konkurrenz auf unserem Markt sehr groß ist.

17. Alle unsere Fabrikanten werden ihre Preise bald um 5 % erhöhen.

18. Sie werden Ihre Preise um 3 % ermäßigen müssen.

19. Wir werden Ihnen den Auftragszettel in den nächsten Tagen schicken.

20. Wir sind überzeugt, daß Sie mit der Qualität dieses Artikels zufrieden sein werden.

21. Ich werde Ihnen in den nächsten Tagen eine Kopie der Versicherungspolice zuschicken.

22. Wir eröffnen das Akkreditiv einen Monat vor Versand der Ware.

23. Wir sind sicher, daß sich unsere Kunden für Ihre Angebote interessieren werden.

24. Der Fabrikant wird seine gegenwärtigen Preise nicht aufrechterhalten können.

25. Morgen werde ich die Ersatzteile per Luftfracht schicken.

26. Ich werde Ihnen einen Einführungsrabatt von 4 % gewähren.

27. Unser Fabrikant wird dieses Modell nicht mehr herstellen.

28. In dem Prospekt finden Sie alle technischen Einzelheiten, die Sie benötigen.

29. Da der Auftrag sehr groß ist, müssen wir Sie darauf aufmerksam machen, daß wir mehrere Teilverladungen nicht werden vermeiden können.

30. Ich werde die Sendung gegen alle Risiken versichern.

16. Das Adverb

Das Adverb (Umstandswort) kann im Deutschen wie im Französischen bestimmen:

> ein **Verb** (Wir *prüfen* alle Angebote **sorgfältig**.)
> ein **Adjektiv** (Die Lieferfristen sind **verhältnismäßig** *lang*.)
> ein anderes **Adverb** (Wir prüfen alle Angebote **sehr** *sorgfältig*.)

Im Deutschen kann jedes Adjektiv unverändert als Adverb verwendet werden. Im Französischen gibt es:
- **Ursprüngliche Adverbien** (déjà, très, beaucoup, ici, demain etc.) und
- **Abgeleitete Adverbien** (von Adjektiven)

Das abgeleitete Adverb wird gebildet durch

feminine Form des Adjektivs + ... ment.

Endung:	Adjektiv	Adverb	
Normalform	**heureux, se**	**heureusement**	(glücklicherweise)
Ausnahmen: Adjektive mit der Endung			
betont, vokalisch	**vrai, e**	**vraiment**	(wirklich)
...ant	**constant, e**	**constamment**	(ständig)
...ent	**récent, e**	**récemment**	(kürzlich)
...e	**rapide**	**rapidement***	(schnell)

Alle Adverbien sind unveränderlich!

Achtung: Die Adjektive »bon, bonne« und »mauvais, e« haben keine abgeleiteten Adverbien. Die entsprechenden Adverbien lauten **»bien«** und **»mal«**.

»vite« (schnell) ist ein ursprüngliches Adverb und darf nicht als Adjektiv verwendet werden.
Beispiel: Eine schnelle Lieferung — Une livraison rapide

Beachten Sie bitte die feststehenden Verbindungen:
acheter cher (teuer kaufen)   acheter bon marché (billig kaufen)
vendre cher (teuer verkaufen)   vendre bon marché (billig verkaufen)
coûter cher (teuer sein)

Stellung des Adverbs: (Faustregeln)

In Bezug auf ein **Verb** (konjugiertes Verb oder Infinitiv). — Das Adverb steht **nach** dem Bezugswort.
Beispiele: Nous examinerons soigneusement l'offre.
Vous devez emballer soigneusement la marchandise.

Aber bei zusammengesetzten Zeiten steht das Adverb häufig zwischen konjugiertem Verb und Partizip.
Beispiel: Nous avons soigneusement examiné l'offre.

In Bezug auf ein **Adjektiv** oder ein anderes **Adverb** — Das Adverb steht **vor** dem Bezugswort.
Beispiele: Les délais de livraison sont relativement longs.
Nous examinerons toutes les offres très soigneusement.

Zeit- und Ortsadverbien stehen in der Regel am Anfang oder am Ende des Satzes.
Beispiel: La marchandise est arrivée hier.

»Malheureusement« steht in der Regel am Anfang des Satzes.
Beispiel: Malheureusement, nous ne sommes pas en mesure de livrer les marchandises commandées.

*Aber: conformément, énormément, précisément.

Vokabeln:

abnehmen	prendre	lebhaft (Adv.)	vivement
Absicht	l'intention, f	leicht (Adv.)	facilement
die A. haben, etw. zu tun	avoir l'intention de faire qch	Marktlage	la situation du marché
		Nachricht	la nouvelle
andere, r, s	autre	N. von Ihnen erhalten	recevoir de vos nouvelles
Ankunft	l'arrivée, f	Posten	le lot, la partie
ausreichend	suffisant, e	preiswert	bon marché (unveränderlich)
äußerst (Adv.)	extrêmement	Produktion	la production
bedauern, etw. zu tun	regretter de faire qch	prompt	prompt, e
besonders (Adv.)	particulièrement	pünktlich (Adv.)	ponctuellement
bestellen	commander	regelmäßig	régulier, ière
Bestimmungshafen	le port de destination	Reis	le riz
beträchtlich	considérable	schlecht (Adv.)	mal
billig	bon marché (unveränderlich)	schnell (Adj.)	rapide
billig kaufen	acheter bon marché	schnell (Adv.)	vite, rapidement
billig verkaufen	vendre bon marché	schwierig	difficile
entsprechend	conformément à	sicherlich	sûrement
Erhalt	la réception	sofort (Adv.)	immédiatement
nach Erhalt	après réception	sorgfältig	soigneux, se
erwähnen	mentionner	ständig (Adv.)	constamment
genau, richtig	exact, e	Tee	le thé
genau, streng(Adv.)	strictement	teuer	cher, chère
genug	assez	teuer kaufen	acheter cher (unveränderlich)
gewiß (Adv.)	certainement	teuer verkaufen	vendre cher (unveränderlich)
gut (Adv.)	bien	umladen	transborder
sich irren	se tromper	unbedingt (Adv.)	absolument
Juni	juin	verhältnismäßig (Adv.)	relativement
Kaffee	le café	verpacken	emballer
kontrollieren	contrôler	wahrscheinlich (Adv.)	probablement
kurz	court, e	wirklich (Adv.)	vraiment
kürzlich (Adv.)	récemment	ziemlich	assez
Lage	la situation		

Übungen:

Setzen Sie das abgeleitete Adverb ein:

1. Nous emballerons la marchandise. (soigneux)

2. Ces articles nous intéressent. (particulier)

3. Les prix sont avantageux. (extrême)

4. Le fabricant regrette cette affaire. (vif)

5. Les offres que nous vous soumettons sont favorables. (particulier)

6. Ils nous ont passé des ordres. (régulier)

7. Nos clients ont des difficultés avec cet article. (constant)

8. La qualité du riz est bonne. (vrai)

9. Vous devez observer nos instructions. (strict)

10. Nos délais de livraison sont courts. (relatif)

Übersetzen Sie:

1. Wir haben die Ware sorgfältig verpackt.

2. Dieses Modell verkauft sich schlecht auf unserem Markt.

3. Da Sie diese Ware ziemlich teuer verkaufen, wenden wir uns an einen anderen Fabrikanten.

4. Wir werden Ihre Aufträge immer prompt ausführen.

5. Dieser Artikel hat sich immer leicht verkauft.

6. Sie haben die Ware schlecht verpackt.

7. Wir hoffen, bald von Ihnen Nachricht zu erhalten.

8. Wir haben kürzlich unsere Preise um 3 % erhöht.

9. Ich muß Ihnen leider mitteilen, daß ich nicht in der Lage bin, die gegenwärtigen Preise aufrecht zu erhalten.

10. Unser Fabrikant teilt uns mit, daß er die Produktion des erwähnten Artikels beträchtlich erhöht hat.

11. Sie haben sich sicherlich geirrt.

12. Wir haben diesen Posten ziemlich leicht verkaufen können.

13. Die Waren entsprechen nicht genau den Mustern, die Sie uns vor einigen Wochen geschickt haben.

14. Wir haben Ihnen regelmäßig unsere Prospekte und Preislisten zukommen lassen.

15. Die Preise für Kaffee und Tee sind in diesem Jahr besonders günstig.

16. Sie müssen unsere Versandanweisungen unbedingt beachten.

17. Teilen Sie uns bitte mit, für welchen Artikel Sie sich besonders interessieren.

18. Die Preise für Reis dieser Qualität sind beträchtlich gestiegen.

19. Wir haben Ihre Rechnung sehr sorgfältig geprüft.

20. Wir können Ihnen die Hälfte der bestellten Ware sofort liefern.

21. Die Angebote Nr. 34/8 und 35/19 interessieren uns besonders.

22. Wir bedauern lebhaft, die Ware nicht abnehmen zu können.

23. Bitte teilen Sie uns sofort die Ankunft der Sendung im Bestimmungshafen mit.

24. Sie werden die Ware sehr sorgfältig verpacken müssen.

25. Wir können Ihnen leider den gewünschten Rabatt nicht gewähren.

26. Wir haben ständig Schwierigkeiten mit diesem Modell.

27. Die Marktlage ist schlecht, und deshalb verkauft sich dieser Artikel nicht besonders gut.

28. Wir werden wahrscheinlich die Sendung in Conakry umladen müssen.

29. Der Fabrikant wird wahrscheinlich nicht in der Lage sein, den Auftrag pünktlich vor Ende Juni auszuführen.

30. Unmittelbar nach Erhalt haben wir die Ware sehr sorgfältig überprüft.

17. Der Teilungsartikel

Um eine unbestimmte Menge oder eine unbestimmte Anzahl anzugeben, verzichtet man im Deutschen auf den Gebrauch eines Artikels: Ich kaufe Wein. — Ich schicke Kataloge.

Im Französischen muß in solchen Fällen der Teilungsartikel verwendet werden.

Form des Teilungsartikels:

> Zur Angabe einer unbestimmten **Menge:**
> mask. **du; de l'...** (vor vokal. anlautendem Substantiv)
> fem. **de la; de l'...** (vor vokal. anlautendem Substantiv)
>
> Zur Angabe einer unbestimmten **Anzahl:**
> mask. u. fem. **des** (identisch mit dem unbestimmten Artikel im Plural)

Beispiele: Nous importons du vin. (Wir importieren Wein.)
Nous importons de l'anis. (Wir importieren Anis.)
Nous exportons de la bière. (Wir exportieren Bier.)
Nous exportons de l'avoine. (Wir exportieren Hafer.)
Nous exportons des machines. (Wir exportieren Maschinen.)

Anstelle des Teilungsartikels steht in zahlreichen Fällen »**de**«.

»de« nach Mengenangaben:

Adverbien:

assez	**de**	+ Substantiv	(genügend)
beaucoup	**de**	+ Substantiv	(viel)
combien	**de**	+ Substantiv	(wieviel)
peu	**de**	+ Substantiv	(wenig)
tant	**de**	+ Substantiv	(soviel)
trop	**de**	+ Substantiv	(zuviel)

Substantive:

une caisse	**de**	eine Kiste...
un fût	**de**	ein Faß...
une tonne	**de**	eine Tonne...
un kilo	**de**	ein Kilo...
un sac	**de**	ein Sack...
etc.		

Beispiele: Nous avons beaucoup **de** clients. (Wir haben viele Kunden.)
Nous livrons 50 sacs **de** café. (Wir liefern 50 Sack Kaffee.)

»de« nach der Verneinung:

ne... pas **de** (kein, e)
ne... plus **de** (kein, e mehr)

Beispiele: Nous n'avons pas de difficultés. (Wir haben keine Schwierigkeiten.)
Nous n'avons plus de catalogues. (Wir haben keine Kataloge mehr.)
Zur verneinten Form von »être« siehe Anmerkung 6

»de« vor Adjektiven, die in der Pluralform vor Substantiven stehen:

avoir de grandes difficultés (große Schwierigkeiten haben)
In der gesprochenen Sprache setzt sich jedoch durch: avoir des grandes difficultés

Prägen Sie sich genau ein:
d'autres clients, maisons... (andere Kunden, Firmen...)
d'autres ordres, commandes, rabais... (weitere Aufträge, Bestellungen, Rabatte...)
de nombreux clients... (zahlreiche Kunden...)
de nombreuses maisons... (zahlreiche Firmen...)
la plupart des clients, maisons... (die meisten Kunden, Firmen...)
la plupart du temps... (meistens...)

aber:

sans difficultés, réclamations... (ohne Schwierigkeiten, Reklamationen...)
plusieurs clients, maisons... (mehrere Kunden, Firmen...)
quelques clients, maisons... (einige Kunden, Firmen...)
certain(e)s clients, maisons... (gewisse Kunden, Firmen...)
différent(e)s clients, maisons... (verschiedene Kunden, Firmen...)

Achtung: Vor Berufsbezeichnungen steht kein Artikel!
Beispiel: Wir sind Importeure. — Nous sommes importateurs.

Vokabeln:

absetzen (Ware)	écouler	die meisten (+ Subst.)	la plupart des
Afrika	l'Afrique, f	meistens	la plupart du temps
in Afrika	en Afrique	ohne	sans
andere Kunden	d'autres clients	Referenzen	références (f)
Angebot über	l'offre de	Sack	le sac
Anis	l'anis (m)	Saison	la saison
annehmen, vermuten	supposer	Scheck	le chèque
Arbeit	le travail, les travaux	Schwierigkeiten haben,	avoir des difficultés à
Auskunft	le renseignement	etw. zu tun	faire qch
betreffend (Adj.)	en question	soviel (+ Subst.)	tant de
der betreffende Artikel	l'article en question	Sprache	la langue
dringend etwas brauchen	avoir grand besoin de qch	Tonne	la tonne
es gibt	il y a	vermuten	supposer
finanziell	financier, -ière	verschiedene (+ Subst.)	différent(e)s (+ Subst.)
französisch	français, e	viel, e (+ Subst.)	beaucoup de
Geschäft, e. gutes G. machen	faire une bonne affaire	Wein	le vin
		weitere	d'autres (+ Subst.)
e. schlechtes G. machen	faire une mauvaise affaire	wenig (+ Subst.)	peu de
gewisse(r) (+ Subst.)	certain, e (+ Subst.)	wieviel (+ Subst.)	combien de
Hafer	l'avoine (f)	zahlreiche (+ Subst.)	de nombreux (+ Subst.)
kein(e)	ne ... pas de	zusätzlich (Adj.)	complémentaire od. supplémentaire
kein(e) mehr	ne ... plus de		
Maschine	la machine	zuviel (+ Subst.)	trop de

Übungen:

Ergänzen Sie die Mengenangabe

1. M. Dubois a commandé du thé. (20 sacs)

2. Il y a des maisons qui offrent le même article. (beaucoup)

3. Notre client aura des difficultés à vendre cet article. (peu)

4. J'ai encore des catalogues en langue française. (assez)

5. La maison Dupont exporte des machines. (beaucoup)

6. Les caisses sont arrivées en bon état. (la plupart)

7. Pouvez-vous nous livrer du riz? (200 tonnes)

8. Nous avons déjà reçu des réclamations. (plusieurs)

9. Les clients nous ont passé des ordres. (quelques)

10. Les clients ne sont pas contents de la qualité. (la plupart)

Verneinen Sie diese Sätze:

1. Vous aurez des difficultés à vendre cet article.

2. Nous avons reçu des réclamations.

3. Le fabricant nous a soumis des offres.

4. Vous nous avez envoyé des échantillons.

5. Nous avons reçu des chèques.

6. La maison Dupin a des représentants en Afrique.

7. Ils nous ont envoyé un télex.

8. Notre client a commandé du vin.

9. Le fabricant nous a envoyé des catalogues.

10. Nous avons des clients en France.

Übersetzen Sie:

1. Unser Kunde hat finanzielle Schwierigkeiten.

2. Wir haben uns schon mit verschiedenen Fabrikanten in Verbindung gesetzt.

3. Es wird schwierig sein, Käufer für solche Artikel zu finden.

4. Die meisten Kunden wollen nur eine Ware erster Qualität.

5. Der Fabrikant hat uns mitgeteilt, daß er keine Kataloge mehr in französischer Sprache hat.

6. Die Sendung enthält mehrere Artikel, die ich nicht bestellt habe.

7. Da ich keine Ware mehr am Lager habe, bitte ich Sie, meinen Auftrag so schnell wie möglich auszuführen.

8. Die Firma Lefèvre hat uns äußerst günstige Angebote unterbreitet.

9. Wir sind leider nicht in der Lage, Ihnen weitere Rabatte zu gewähren.

10. Wieviele Tonnen Hafer können Sie sofort liefern?

11. Wir müssen Ihnen leider mitteilen, daß wir nur wenige Artikel dieser Qualität auf Lager haben.

12. Ich werde große Schwierigkeiten haben, die Ware zu diesen Bedingungen abzusetzen.

13. Wir haben in der letzten Saison gute Geschäfte mit diesem Artikel gemacht.

14. Ich kann Ihnen kurzfristig 2 Tonnen Kaffee liefern.

15. Die meisten Artikel entsprechen nicht den Mustern.

16. Wir haben soviele Schwierigkeiten mit der Herstellung des Artikels gehabt, daß wir nicht vor Ende Juni liefern können.

17. Wir benötigen dringend 200 Sack Reis.

18. Wir werden uns erlauben, Ihnen auch Angebote für andere Artikel zu unterbreiten.

19. Seit Jahren schon importieren wir Tee.

20. Wir haben soeben erfahren, daß mehrere Kunden mit der Qualität der gelieferten Ware nicht zufrieden sind.

21. Es gibt zahlreiche Firmen, die dieses Modell auch anbieten.

22. Wir werden Ihnen einige Kataloge in französischer Sprache schicken.

23. Wir nehmen an, daß Sie keine Schwierigkeiten haben werden, diese Angelegenheit zu regeln.

24. Wir können Ihnen sehr gute Referenzen in Frankreich nennen (angeben).

25. Wir haben die Absicht, Ihnen größere Aufträgezu erteilen.

26. Ich habe noch genügend Ersatzteile am Lager.

27. Wir benötigen gewisse zusätzliche Auskünfte.

28. Die Konkurrenz bietet diese Artikel zu sehr günstigen Preisen an.

29. Bitte schicken Sie uns einige Exemplare Ihres illustrierten Katalogs.

30. Wir hoffen, daß Sie die betreffenden Weine zu günstigen Preisen anbieten können, da die Konkurrenz auf unserem Markt sehr stark ist.

31. Wir haben augenblicklich keine Ersatzteile am Lager.

32. Können Sie diese Qualität zu konkurrenzfähigen Preisen liefern?

18. Imperfekt, Plusquamperfekt, Konditional I, Konditional II, Bedingungssätze

Imperfekt (unvollendete Vergangenheit), Plusquamperfekt (Vorvergangenheit), Konditional I und Konditional II (Bedingungsformen) erscheinen in der Handelskorrespondenz fast nur in den Bedingungssätzen.

Imperfekt

Das Imperfekt wird gebildet mit dem Stamm der 1. Pers. Pl. Präsens + Imperfektendungen.
Ausgangsform: nous **écriv** ons

j'écriv**ais**	(ich schrieb)	nous écriv**ions**	(wir schrieben)
tu écriv**ais**	(du schriebst)	vous écriv**iez**	(Sie schrieben)
il écriv**ait**	(er schrieb)	ils écriv**aient**	(sie schrieben)

Ausnahme: être: j'étais - ich war   nous étions - wir waren

Das Imperfekt bezeichnet außerhalb des Bedingungssatzes einen Zustand in der Vergangenheit.
Les marchandises se trouvaient sous hangar de douane. (Die Waren befanden sich im Zollschuppen.)

Plusquamperfekt

Das Plusquamperfekt wird mit dem Imperfekt von »avoir« oder »être« + 2. Partizip gebildet.

avoir		**être**	
j'avais écrit	(ich hatte geschrieben)	j'étais arrivé	(ich war angekommen)
tu avais écrit	(du hattest geschrieben)	tu étais arrivé	(du warst angekommen)
il avait écrit	(er hatte geschrieben)	il était arrivé	(er war angekommen)
nous avions écrit	(wir hatten geschrieben)	nous étions arrivés	(wir waren angekommen)
vous aviez écrit	(Sie hatten geschrieben)	vous étiez arrivé(s)	(Sie waren angekommen)
ils avaient écrit	(sie hatten geschrieben)	ils étaient arrivés	(sie waren angekommen)

Konditional I

Das Konditional I wird mit dem Futurstamm (also bei regelmäßigen Verben der Infinitiv) + Imperfektendungen gebildet.

j'écrirais	(ich würde schreiben)	nous écririons	(wir würden schreiben)
tu écrirais	(du würdest schreiben)	vous écririez	(Sie würdenschreiben)
il écrirait	(er würde schreiben)	ils écriraient	(sie würden schreiben)

Ebenso:
j'aurais   (ich würde haben)   je serais   (ich würde sein)

Das Konditional I wird außerhalb der Bedingungssätze oft zum Ausdruck der Höflichkeit, der Möglichkeit oder der Bitte verwendet.
Beispiel: Pourriez-vous nous envoyer quelques échantillons? - Könnten Sie uns einige Muster schicken?

Konditional II

Das Konditional II wird mit dem Konditional I von »avoir« oder »être« + 2. Partizip gebildet.

j'aurais écrit	(ich hätte geschrieben)	je serais arrivé	(ich wäre angekommen)
tu aurais écrit	(du hättest geschrieben)	tu serais arrivé	(du wärst angekommen)
il aurait écrit	(er hätte geschrieben)	il serait arrivé	(er wäre angekommen)
nous aurions écrit	(wir hätten geschrieben)	nous serions arrivés	(wir wären angekommen)
vous auriez écrit	(Sie hätten geschrieben)	vous seriez arrivé(s)	(Sie wären angekommen)
ils auraient écrit	(sie hätten geschrieben)	ils seraient arrivés	(sie wären angekommen)

Bedingungssätze:

Im Deutschen werden die Bedingungssätze eingeleitet durch die Konjunktionen (Bindewörter) »wenn« oder »falls«.

Im Französischen werden sie eingeleitet durch die Konjunktion **»si«**.

Je nach der gegebenen Situation müssen im Bedingungssatz und in dem dazu gehörenden Hauptsatz bestimmte Verbformen verwendet werden. Das Französische ist hier sehr viel genauer als das Deutsche.

Die häufigsten Bedingungssätze:

1. Wir erteilen Ihnen (werden Ihnen erteilen) einen Auftrag,
   wenn Ihre Preise günstig sind.

   Nous vous passerons un ordre,
   si vos prix sont avantageux.

2. a) Wir erteilten Ihnen (würden erteilen) einen Auftrag,
   wenn Ihre Preise günstig wären.

   Nous vous passerions un ordre,
   si vos prix étaient avantageux.

   b) Wir wären Ihnen sehr dankbar,
   wenn Sie uns Muster schickten (schicken würden).

   Nous vous serions reconnaissants,
   si vous nous envoyiez des échantillons.

3. Wir hätten Ihnen einen Auftrag erteilt,
   wenn Ihre Preise günstig gewesen wären.

   Nous vous aurions passé un ordre,
   si vos prix avaient été avantageux.

Übersicht:

	Hauptsatz	»si«-Satz
Zu 1. **Erfüllbare Bedingung** — die Preise können günstig sein (wir wissen es noch nicht)	Futur	Präsens
Zu 2. a) **Unerfüllbare Bedingung** — bezogen auf die Gegenwart: die Preise **sind** nicht günstig	Konditional I	Imperfekt
Zu 2. b) kein echtes Bedingungsgefüge, sondern Ausdruck der **Höflichkeit**		
Zu 3. **Unerfüllte Bedingung** — bezogen auf die Vergangenheit: die Preise **waren** nicht günstig	Konditional II	Plusquamperfekt

Achtung: Lassen Sie sich durch die im Deutschen verwendeten Verbformen (ich wäre/ich würde sein; ich könnte/ich würde können) nicht verwirren. Achten Sie auf die beabsichtigte Aussage, und richten Sie sich dann nach der angegebenen Übersicht.

Wichtig: Nach »si« (wenn, falls) darf **nie** Futur und **nie** Konditional stehen!

Vokabeln:

annullieren	**annuler**	Möglichkeit	**la possibilité**
Anzahl	**le nombre**	notwendig	**nécessaire**
Ausnahmerabatt	**le rabais exceptionnel**	rechnen mit	**compter sur**
befolgen (Anweisung)	**observer**	Schuppen	**le hangar**
jdm. dankbar sein	**être reconnaissant à qn**	Umladung	**le transbordement**
Ernte	**la récolte**	jdm. verbunden sein	**être obligé à qn**
falls	**si**	es versteht sich v. selbst	**il va de soi**
fest (Adj.)	**solide**	Verzollung	**le dédouanement**
Gegenvorschlag	**la contre-proposition**	via	**via**
größere (umfangreiche) Aufträge	**des ordres importants**	vorher	**avant**
		wissen lassen	**faire savoir**
minder (wertig)	**inférieur, e**	Zollschuppen	**le hangar de douane**
mindestens	**au moins**		

Übungen:

Setzen Sie die richtige Form des angegebenen Verbes ein:

1. Nous aurons moins de difficultés si vous _____ nos instructions. (observer)

2. Le client _____ l'ordre, si vous ne pouvez pas livrer à temps. (annuler)

3. Nos clients vous _____ d'autres ordres, si vous réduisez vos prix. (passer)

4. Les prix augmenteront, si la récolte _____ bonne. (ne pas, être)

5. Si vous _____ ces conditions, nos clients vous passeront des ordres importants. (accepter)

6. Le client _____ content des marchandises, si leur qualité avait correspondu à l'échantillon. (être)

7. Le client _____ content des marchandises, si leur qualité correspondait à l'échantillon. (être)

8. Les prix _____, si la récolte n'était pas bonne. (augmenter)

9. Si votre envoi nous _____, vous pourrez compter sur des commandes importantes. (convenir)

10. Le fabricant _____ éviter cette erreur, si vous l'aviez informé avant. (pouvoir)

11. Nous _____, si vous nous informiez le plus vite possible sur la date de l'expédition. (être heureux)

12. Nos clients vous auraient passé des ordres si vous _____ leurs conditions. (accepter)

13. Nous vous _____ si vous pouviez nous envoyer quelques échantillons. (être obligé)

14. Nous vous serions obligés si vous _____ nous donner tous les détails nécessaires. (pouvoir)

15. Si la qualité ne correspond pas à l'échantillon nous _____ accepter l'envoi. (ne pas, pouvoir)

16. Nous vous serions obligés si vous _____ nous envoyer quelques catalogues. (pouvoir)

17. Nous vous _____ la représentation de cet article, si le fabricant avait accepté nos conditions. (déjà, confier)

18. La maison Dubois introduirait cet article sur le marché français, si elle _____ la possibilité de le vendre sans difficulté. (avoir)

19. Le fabricant _____ en mesure de vous donner un rabais, si vous commandiez 1.000 pièces au moins. (être)

20. Nos clients _____ un grand nombre de cet article si sa qualité était bonne. (acheter)

21. Si l'emballage avait été assez solide, la marchandise _____ en bon état. (arriver)

Übersetzen Sie:

1. Wenn Ihre Bedingungen günstig sind, erteilen wir Ihnen größere Aufträge.

2. Wenn Ihre Bedingungen günstig wären, würden wir Ihnen einen Auftrag erteilen.

3. Wir wären Ihnen dankbar, wenn Sie unser Angebot prüften.

4. Wenn uns der Hersteller die Artikel rechtzeitig schickt, werden wir in der Lage sein, Ihren Auftrag zu der festgesetzten Frist auszuführen.

5. Es versteht sich von selbst, daß wir Ihr Angebot akzeptierten, wenn es konkurrenzfähig wäre.

6. Wenn Sie unsere Bedingungen nicht annehmen, können wir Ihnen den Auftrag nicht erteilen.

7. Wenn Sie unsere Gegenvorschläge angenommen hätten, hätten wir Ihnen den Auftrag erteilen können.

8. Wenn Sie 1.000 Stück bestellen, gewähren wir Ihnen einen Ausnahmerabatt.

9. Wir wären Ihnen dankbar, wenn Sie uns ein Angebot für diesen Artikel unterbreiten würden.

10. Wenn die französische Konkurrenz auf unserem Markt nicht so stark wäre, könnten wir diesen Artikel sicherlich ohne Schwierigkeiten verkaufen.

11. Wenn die Schwierigkeiten nicht so groß gewesen wären, hätten wir den Artikel leicht verkaufen können.

12. Wenn Sie unsere Verschiffungsanweisungen genau befolgen, wird unser Kunde mit der Verzollung der Waren keine Schwierigkeiten haben.

13. Wir wären Ihnen sehr dankbar, wenn Sie uns postwendend Ihren Katalog und Ihre Preisliste zukommen ließen.

14. Wenn uns die Qualität der Ware zusagt, werden wir Ihnen größere Aufträge erteilen.

15. Wenn Sie den Transport via Rotterdam akzeptierten, könnten wir eine Umladung der Waren vermeiden.

16. Wenn Sie die Waren sorgfältig verpackt hätten, wären sie hier in gutem Zustand angekommen.

17. Wir wären Ihnen dankbar, wenn Sie Ihre Zahlungsbedingungen ändern könnten.

18. Der Hersteller würde sich freuen, wenn Sie sein Angebot prüften.

19. Wir können unsere Preise um 5 % ermäßigen, wenn Sie 10.000 Stück bestellen.

20. Wenn die Ware nicht von minderer Qualität gewesen wäre, hätten unsere Kunden sie ohne Schwierigkeiten verkaufen können.

19. Steigerung und Vergleich
Das substantivische Demonstrativpronomen

Steigerung

Die Steigerung des Adjektivs und des Adverbs wird mit **»plus«** oder **»moins«** gebildet.

Positiv (Grundform)	avantageux	
Komparativ (Vergleichsstufe)	**plus** avantageux (vorteilhafter)	**moins** avantageux (weniger vorteilhaft)
Superlativ (Höchststufe)	le prix **le plus** avantageux (der vorteilhafteste Preis)	le prix **le moins** avantageux (der am wenigsten vorteilhafte Preis)
Steigerung des Adverbs	Cet article se vend **plus** facilement. (Dieser Artikel verkauft sich leichter.)	
	Cet article se vend **le plus** facilement. (Dieser Artikel verkauft sich am leichtesten.)	

Ausnahmen

bon (Adj.) — meilleur — le meilleur (gut — besser — am besten)
bien (Adv.) — mieux — le mieux (gut — besser — am besten)
beaucoup (Adv.) — plus — le plus (viel — mehr — am meisten)
peu (Adv.) — moins — le moins (wenig — weniger — am wenigsten)

Beachten Sie:

1. Das Adjektiv richtet sich auch im Komparativ und Superlativ in Geschlecht und Zahl nach dem Substantiv, auf das es sich bezieht.

2. Das Adjektiv bleibt im Komparativ und Superlativ an seinem Platz (siehe dazu Kapitel 5):
   C'est un grand ordre. — C'est le plus grand ordre.
   C'est une bonne qualité. — C'est la meilleure qualité.
   Bei nachgestellten Adjektiven im Superlativ muß der bestimmte Artikel des Substantivs wieder aufgenommen werden:
   un catalogue intéressant — le catalogue le plus intéressant
   les prix les plus favorables — nos prix les plus favorables

Vergleich

Im Vergleichssatz steht nach dem Komparativ das Vergleichswort **»que«**.

Beispiel: Nos prix sont **plus avantageux que** les prix de la concurrence.
Nos prix sont **moins avantageux que** les prix de la concurrence.

Beachten Sie besonders
aussi ... que — ebenso ... wie (beim Adjektiv und Adverb)
mieux ... que — besser ... als
Nach »plus« + Zahlenangabe heißt es **plus de.**

Das substantivische Demonstrativpronomen

Um die Wiederholung von Substantiven im Vergleichssatz zu vermeiden, ersetzt man das zweite Substantiv durch ein substantivisches Demonstrativpronomen (substantivisch, weil es ein Substantiv ersetzt).

Unsere Preise sind günstiger als die Preise der Konkurrenz.
Unsere Preise sind günstiger als **die (jene)** der Konkurrenz

	maskulin	feminin
Singular	**celui**	**celle**
Plural	**ceux**	**celles**

Beispiele:

1. Le prix de l'article CX est plus avantageux que **celui** de l'article CY.
   (Der Preis des Artikels CX ist günstiger als der des Artikels CY.)

2. Nos prix sont plus avantageux que **ceux** de la concurrence.
   (Unsere Preise sind günstiger als die der Konkurrenz.)

3. La qualité de l'article CY est meilleure que **celle** de l'article CX.
   (Die Qualität des Artikels CY ist besser als die des Artikels CX.)

4. Les conditions de la maison D. sont plus favorables que **celles** de la maison B.
   (Die Bedingungen der Firma D. sind günstiger als die der Firma B.)

Vokabeln:

aber	**mais**	Konkurrent	**le concurrent**
Absatz	**l'écoulement (m)**	Kundenkreis	**la clientèle**
(im) allgemeinen	**en général**	künftig	**à l'avenir**
Anstrengung	**l'effort (m)**	kurz	**court, e**
Ausland	**l'étranger, m**	Lufttransport	**le transport aérien**
ausländisch	**étranger,ère**	Mal	**la fois**
im Ausland	**à l'étranger**	manchmal	**parfois**
besagt	**dit,e**	mehr als (+ Zahlenangabe)	**plus de**
besagter Artikel	**le dit article**	meisten; am m.	**plus; le plus**
bisher	**jusqu'à présent**	Seetransport	**le transport maritime**
ebenso … wie	**aussi … que**	sehr viel (länger)	**beaucoup plus (long)**
einverstanden sein mit etw	**accepter qch**	solide	**solide**
einverstanden sein mit jdm	**être d'accord avec qn**	stets	**toujours**
etwas (Adv)	**un peu**	Umsatz	**le chiffre d'affaires**
fraglich	**en question**	Unternehmen	**l'entreprise (f)**
fragliche Firma	**la maison en question**	vor (drei Monaten)	**il y a (trois mois)**
genau	**exact,e**	weniger (+ Adj; + Adv)	**moins**
(es) handelt sich um	**il s'agit de**	zwar	**il est vrai**

Übungen:

Vergleichen Sie:

1. L'article Ab se vend _____ l'article Bc. (facilement)

2. Le prix de l'article CX est _____ le prix de l'article CP. (élevé)

3. La qualité de l'article CX est _____ la qualité de l'article CP. (bon)

4. Les conditions de la maison AC sont _____ les conditions de la maison AB. (favorable)

5. L'article B est _____ l'article A. (bon marché)

6. Le transport via Hambourg est _____ le transport via Rotterdam. (rapide)

7. Le transport aérien _____ le transport maritime. (cher)

8. L'article P4 se vend _____ l'article P3. (bien)

9. Nous exécuterons cet ordre _____ votre dernier ordre. (soigneusement)

10. Le fabricant nous a promis de livrer la marchandise _____ la dernière fois. (promptement)

Übersetzen Sie:

1. Wir haben die Ware zu einem günstigeren Preis kaufen können.

2. Ihre Preise sind weniger günstig als die Ihrer Konkurrenten.

3. Bitte teilen Sie uns Ihre kürzeste Lieferzeit mit.

4. Wir sind überzeugt, daß sich dieser Artikel leichter verkauft.

5. Welches sind Ihre günstigsten Bedingungen?

6. Ihre Lieferfristen sind leider sehr viel länger als die der Firma C.

7. Informieren Sie uns bitte, wenn unsere Preise nicht ebenso günstig sind wie die unserer Konkurrenten.

8. Die Qualität dieser Ware ist weniger gut als die des Musters, das Sie uns vor zwei Wochen geschickt haben.

9. Sie werden größere Anstrengungen machen müssen, wenn Sie konkurrenzfähig bleiben wollen.

10. Wir hoffen, daß diese Waren einen schnelleren Absatz auf Ihrem Markt finden werden.

11. Im allgemeinen sind unsere Preise nicht höher als die unserer Konkurrenten im Ausland.

12. Wir haben bisher mehr als 30 Kisten verkaufen können.

13. Wir bitten Sie, die Ware künftig sorgfältiger zu verpacken.

14. Meine Kunden interessieren sich nur für Waren der besten Qualität.

15. Da unser Kundenkreis größer geworden ist, bitten wir Sie, uns höhere Rabatte zu gewähren.

16. Wir können Ihnen heute die fraglichen Artikel zu einem günstigeren Preis anbieten als vor zwei Monaten.

17. Wir werden Ihnen die Ware so schnell wie möglich schicken.

18. Ich muß Ihnen leider mitteilen, daß ich Ihnen einen Rabatt von mehr als 3 % nicht gewähren kann.

19. Wir werden Ihre Aufträge stets mit größter Sorgfalt ausführen.

20. Wir sind sicher, daß unsere Bedingungen ebenso günstig sind, wie die unserer französischen Konkurrenten.

21. Herr Petitjean ist unser bester Vertreter in Afrika.

22. Der Artikel CX hat sich am besten verkauft.

23. Anbei eine Liste der Waren, die uns am meisten interessieren.

24. Wir bitten Sie, die Ware künftig in solidere Kisten zu verpacken als die, die Sie das letzte Mal genommen haben.

25. Unsere Kunden sind mit diesen Bedingungen nicht einverstanden, weil sie weniger günstig sind als die, die Sie vor einem Monat vorgeschlagen haben.

26. Es handelt sich hier um einen Artikel, der etwas teurer ist als der besagte Artikel CB.

27. Dieses Unternehmen ist zwar recht klein, hat aber einen höheren Umsatz als viele größere Unternehmen der gleichen Branche.

28. Wir wissen, daß unsere Preise etwas höher sind als die der ausländischen Konkurrenz.

29. Bitte teilen Sie uns genauere Einzelheiten mit.

30. Wir wären bereit, Ihnen einen höheren Rabatt zu gewähren, wenn Sie größere Mengen bestellten.

20. Das Passiv

Das Aktiv (sogenannte Tätigkeitsform) und das Passiv (sogenannte Leideform) ermöglichen es, ein Geschehen (oder einen Zustand) aus zwei unterschiedlichen Perspektiven darzustellen.
Das Aktiv betont den Handelnden, den Verursacher, den »Täter«. Das Passiv stellt das Geschehen, den Vorgang in den Vordergrund (Vorgangspassiv).

Beispiel: Aktiv: Der Kunde erteilt einen Auftrag.
Passiv: Der Auftrag wird vom Kunden erteilt.

Aus dem Objekt des Aktivsatzes wird das Subjekt des Passivsatzes. Das Subjekt des Aktivsatzes wird zum präpositionalen Objekt des Passivsatzes.
Der Handelnde muß im Passivsatz nicht immer genannt werden:

Beispiel: Der Auftrag wird erteilt.

Das Passiv kann auch einen Zustand bezeichnen (Zustandspassiv):

Beispiel: Die Ware ist schon verpackt.

Im Deutschen wird das Passiv mit dem Hilfsverb »werden« + 2. Partizip (Vorgangspassiv) oder durch das Hilfsverb »sein« + 2. Partizip (Zustandspassiv) gebildet.

Im Französischen wird das Passiv mit dem Hilfsverb »être« + 2. Partizip gebildet.
Das Partizip richtet sich in Geschlecht und Zahl nach dem Subjekt.
Das präpositionale Objekt (der Handelnde) wird mit »par« angeschlossen.

Die für die Handelskorrespondenz wichtigsten Formen lauten:

> **Präsens:** La marchandise est vendue. (Die Ware ist verkauft.)
> La marchandise est vendue par le fabricant.
> (Die Ware wird vom Fabrikanten verkauft.)
>
> **Perfekt:** La marchandise a été vendue. (Die Ware ist verkauft worden.)
>
> **Futur:** La marchandise sera vendue. (Die Ware wird verkauft werden.)

Achtung: Die Präsensform »La marchandise est vendue.« drückt einen Zustand aus (Zustandspassiv). Deutsche Passivsätze wie: »Die Ware wird verpackt.« oder »Der Auftrag wird erteilt.« können als Vorgangspassiv nicht wörtlich ins Französische übersetzt werden. Um sie wiederzugeben, muß der Handelnde (als präpositionales Objekt) genannt werden.

Beispiel: »La marchandise est emballée par le fabricant.«

oder man bildet einen aktivischen Satz:

Beispiele: »Nous emballerons la marchandise.«
»Le fabricant a emballé la marchandise.«

Der Handelnde muß dann jeweils aus dem Kontext (Zusammenhang) bestimmt werden.

Die Schwierigkeit, Vorgangs- und Zustandspassiv zu verdeutlichen, ergibt sich in der Praxis nur im Präsens. Perfekt und Futur stellen im Französischen Vorgänge dar, so daß die Funktion dieser Zeiten nur die Darstellung des Vorgangspassivs erlaubt.

Achtung: Enthält der Passivsatz ein Hilfsverb (devoir, pouvoir etc.), so heißt der Infinitiv: »être« + 2. Partizip.

Beispiel: La marchandise doit être emballée par le fabricant. (Die Ware muß vom Hersteller verpackt werden.)

Übersicht:

	Aktiv	**Passiv**
Präsens	Le fabricant vend la marchandise. (Der Hersteller verkauft die Ware.)	La marchandise est vendue par le fabricant. (Die Ware wird vom Hersteller verkauft.)
Perfekt	Le fabricant a vendu la marchandise. (Der Hersteller hat die Ware verkauft.)	La marchandise a été vendue par le fabricant. (Die Ware ist vom Hersteller verkauft worden.)
Futur	Le fabricant vendra la marchandise. (Der Hersteller wird die Ware verkaufen.)	La marchandise sera vendue par le fabricant. (Die Ware wird vom Hersteller verkauft werden.)
Hilfsverb	Le fabricant doit vendre la marchandise. (Der Hersteller muß die Ware verkaufen.)	La marchandise doit être vendue par le fabricant. (Die Ware muß vom Hersteller verkauft werden.)

Achtung: Das Passiv wirkt im Deutschen wie im Französischen schwerfällig. Der aktivische Satz ist stets vorzuziehen, es sei denn, der Urheber einer Handlung ist unbekannt oder unwichtig.

Vokabeln:

Abteilung	le département	numerieren	numéroter
Anwesenheit, in A. von	en présence de	d. Ordnung halber	pour la bonne règle (forme)
Arbitrage	l'arbitrage (m)	sämtliche	tous les, toutes les
auch	aussi	Schaden	le dommage
aufgeben (Preise)	établir	streng	strict,e
aufgrund	à cause de	Teillieferung	la livraison partielle
avisieren	annoncer	unterschreiben	signer
Behörden	les autorités (f)	vereinbart (Bedingung)	convenu,e; stipulé,e
beschädigen	endommager	zur Verfügung stellen jdm etw	mettre qch à la disposition de qn
Dokument	le document	Verladehafen	le port de chargement
entladen	décharger	verladen	charger
Entladung	le déchargement	Verladung	le chargement
erst	seulement	versandbereit sein	être prêt à être expédié
es (4. Fall)	le	versehen (markieren) mit	marquer de
fortlaufend	consécutif, ve	versiegeln	cacheter
Frachtrate	le taux du fret	Vertrag	le contrat
frei (z. B. Grenze)	franco	vorlegen (präsentieren)	présenter
Grenze	la frontière	während	pendant
heute morgen	ce matin	wegen	à cause de
hinweisen auf	attirer l'attention sur	Zeichen	le signe
Kaufvertrag	le contrat de vente	ziehen (Muster)	prélever
Kontraktabschluß	la conclusion du marché	Zufriedenheit	la satisfaction
kostenlos	gratuit,e	zu unserer vollsten Z.	à notre pleine satisfaction
man	on	zufriedenstellen	satisfaire
Musterziehung	l'échantillonnage (m)		
noch einmal	encore une fois		

Übungen:

Bilden Sie das Passiv.
Beispiel: On livrera la marchandise avant fin septembre. — La marchandise sera livrée avant fin septembre.

1. On peut expédier la marchandise.

2. On devra emballer la marchandise plus soigneusement.

3. On emballera la marchandise plus soigneusement.

4. On a emballé la marchandise avec grand soin.

5. On paiera la marchandise après réception de la marchandise.

6. On a exécuté l'ordre promptement.

7. On doit exécuter l'ordre aussi vite que possible.

8. On effectuera la livraison dans quelques jours.

9. On pourra effectuer la livraison seulement fin août.

10. On emmagasinera la marchandise ici.

Übersetzen Sie:

1. Die Ware wird morgen abgeschickt.

2. Die Kisten sind während des Transportes beschädigt worden.

3. Die Rechnung unserer letzten Lieferung ist noch nicht bezahlt worden.

4. Wir bedauern, Ihnen mitteilen zu müssen, daß dieser Artikel nicht mehr hergestellt wird.

5. Die Waren sind vor dem Versand geprüft worden.

6. Die Ware wird stets sorgfältig verpackt.

7. Die Artikel sind sorgfältig verpackt worden.

8. Die Lieferung der Waren muß cif Casablanca vorgenommen werden.

9. Die Muster werden Ihnen morgen per Luftpost zugeschickt.

10. Leider können die Preise nicht herabgesetzt werden.

11. Einige Stücke sind während der Entladung beschädigt worden.

12. Der gleiche Artikel wird auch von anderen Lieferanten zu günstigeren Preisen angeboten.

13. Die Lieferung hat noch nicht vorgenommen werden können.

14. Wir möchten Ihnen mitteilen, daß die Versicherung hier in Bagdad gedeckt worden ist.

15. Die Ware kann nicht vor Ende März geliefert werden.

16. Alle Kisten sind mit Ihrem Zeichen versehen worden.

17. Unsere Verschiffungsanweisungen müssen strengstens eingehalten werden.

18. Die Versicherung muß vom Lager im Verladehafen bis zum Lager im Bestimmungshafen gedeckt werden.

19. Die Kisten sind, wie Sie es gewünscht haben, fortlaufend numeriert.

20. Die Verladung muß 30 Tage nach Kontraktabschluß vorgenommen werden.

21. Uns ist von einem unserer Geschäftsfreunde mitgeteilt worden, daß Sie diesen Artikel herstellen.

22. Die Frachtrate kann nach Kontraktabschluß nicht mehr geändert werden.

23. Sie sind uns von der Firma Grosjean & Cie empfohlen worden.

24. Die Musterziehung muß in Anwesenheit von Vertretern des Käufers und des Verkäufers vorgenommen werden.

25. Die Ware wird vor Ende Juli geliefert werden.

26. Die Sendung ist vor Versand genau kontrolliert worden.

27. Die von Ihnen bestellten Waren sind seit gestern versandbereit.

28. Die Muster müssen im Bestimmungshafen gezogen und versiegelt werden, wenn Sie diese Angelegenheit einer Arbitrage unterbreiten wollen.

29. Die Sendung muß gegen alle Risiken versichert werden.

30. Diese Artikel können erst in zwei Monaten geliefert werden.

31. Die erste Teillieferung wird am 24. August vorgenommen werden.

32. Die Rechnung muß sofort nach Erhalt der Waren bezahlt werden.

33. Gemäß den Bedingungen des Kaufvertrages kann die Versicherung nicht vom Verkäufer gedeckt werden.

34. Aufgrund eines Versehens in unserer Versandabteilung sind Ihnen gestern Artikel geschickt worden, die Sie nicht bestellt hatten.

35. Der Auftrag ist zu unserer vollsten Zufriedenheit ausgeführt worden.

36. Die Preise sind fob Hamburg aufgegeben.

37. Der Ordnung halber weisen wir noch einmal auf die Zahlungsbedingungen hin, die vereinbart worden sind.

38. Die Preise können nur herabgesetzt werden, wenn Sie für mehr als DM 10.000,— bestellen.

39. Die Waren, die Sie uns geschickt haben, sind nicht von uns bestellt worden.

40. Die von Ihnen gewünschten Muster sind heute morgen an Sie abgeschickt worden.

41. Der von Ihnen gewünschte Artikel kann erst in 3 Monaten geliefert werden.

42. Die Dokumente werden von den hiesigen Behörden sorgfältig geprüft.

43. Die Muster können Ihnen leider nicht kostenlos zur Verfügung gestellt werden.

44. Der Schaden ist von der Versicherung geprüft worden.

45. Die Lieferung ist schon vor 4 Wochen avisiert worden, aber wir haben sie noch nicht erhalten.

46. Das Ursprungszeugnis muß vom Hersteller unterschrieben werden.

47. Die Waren werden frei Grenze geliefert.

48. Der Auftrag wird zu den vereinbarten Bedingungen ausgeführt, und wir hoffen, daß die Ausführung Sie zufriedenstellen wird.

49. Das Akkreditiv muß einen Monat vor Verladung der Ware zu unseren Gunsten eröffnet werden.

50. Alle Dokumente werden Ihnen von der Bank vorgelegt werden.

21. Der Konjunktiv

Jede sprachliche Äußerung erfolgt in einem Modus (Aussageweise). Man unterscheidet drei Modi:

      Indikativ (sog. Wirklichkeitsform)
      Konjunktiv (sog. Möglichkeitsform)
      Imperativ (sog. Befehlsform)

Der Indikativ   drückt im Deutschen wie im Französischen — in Gegenwart, Vergangenheit und Zukunft — ein Sein oder Geschehen aus, das als wirklich oder wahrscheinlich empfunden wird.

Der Konjunktiv   Im Deutschen wird der Konjunktiv vor allem verwendet in der indirekten Rede oder im Bedingungsgefüge, wenn eine unerfüllbare oder unerfüllte Bedingung genannt wird:
Beispiele: Er sagte, daß er die Ware umgehend schicke...
      Wenn Sie die Ware besser verpackt hätten, wäre sie in gutem Zustand angekommen.

Im Französischen steht der Konjunktiv fast nur in bestimmten Nebensätzen (in den Übersichten werden die Konjunktivformen deshalb stets mit vorangehendem »que« aufgeführt). Im Unterschied zum Deutschen steht der Konjunktiv **nie** in der indirekten Rede und **nie** im Bedingungsgefüge.
Der Konjunktiv kennzeichnet im Französischen eine Aussage als persönliche Stellungnahme (z. B. als Wunsch, Möglichkeit, Annahme, Willensäußerung, Zweifel).
In der Handelskorrespondenz erscheint der Konjunktiv nur in der Präsens- und Perfektform.

Präsens

Der Konjunktiv in der Präsensform wird abgeleitet vom Stamm der 3. Pers. Pl. Präs.

Infinitiv	Ausgangsform 3. Person Pl. Präs.	Konjunktiv Präsens
passer	ils passent	que je pass**e**
choisir	ils choisissent	que je choisiss**e**
vendre	ils vendent	que je vend**e**
Konjugation	que je pass**e** que tu pass**es** qu'il pass**e**	que nous pass**ions** que vous pass**iez** qu'ils pass**ent**

Besondere Formen (bedingt durch den Wechsel von betonten und unbetonten Endungen):

acheter:	que j'achète	que nous achetions
devoir:	que je doive	que nous devions
envoyer:	que j'envoie	que nous envoyions
payer:	que je paie	que nous payions
prendre:	que je prenne	que nous prenions
recevoir:	que je reçoive	que nous recevions
venir:	que je vienne	que nous venions
voir:	que je voie	que nous voyions

Ausnahmen:

avoir

que j'aie	que nous ayons		
que tu aies	que vous ayez		
qu'il ait	qu'ils aient		

être

que je sois	que nous soyons
que tu sois	que vous soyez
qu'il soit	qu'ils soient

aller:	que j'aille	que nous allions
faire:	que je fasse	que nous fassions
pouvoir:	que je puisse	que nous puissions
savoir:	que je sache	que nous sachions
vouloir:	que je veuille	que nous voulions
		qu'ils veuillent

Perfekt:
Es gelten dieselben Regeln wie für Indikativ Perfekt. Die Formen lauten:

> que j'**aie fait** — que je **sois arrivé**

Gebrauch des Konjunktivs:

1. Der Konjunktiv steht **nach Verben, die eine Willensäußerung (Wunsch, Bitte, Befehl, Aufforderung)** ausdrücken, wie:

    aimer que (mögen)   préférer que (vorziehen)
    aimer mieux que (lieber wollen, mögen)   souhaiter que (wünschen, für andere)
    demander que (verlangen)   vouloir que (wollen)
    désirer que (wünschen, für sich)

    Beispiel: Notre client désire que votre représentant lui rende visite (besuchen).

2. Der Konjunktiv steht **nach Verben, die eine subjektive Stellungnahme oder ein Gefühl** ausdrücken, wie:

    avoir peur que (befürchten)   être étonné que (erstaunt sein)
    craindre que (befürchten)   être heureux que (sich freuen, erfreut sein)
    douter que (bezweifeln)   être surpris que (überrascht sein)
    être content que (froh sein, sich freuen)   regretter que (bedauern)

    Beispiel: Je regrette que les marchandises ne soient pas arrivées à temps.

3. Der Konjunktiv steht **nach Verben des Sagens und Denkens, wenn sie verneint oder fragend** gebraucht werden, wie:

    ne pas croire que (nicht glauben, daß)
    ne pas penser que (nicht denken, daß)

    Beispiel: Je ne pense pas que les prix soient trop élevés.

4. Der Konjunktiv steht nach den **unpersönlichen Wendungen:**

    c'est dommage que (es ist schade, daß)   il est possible que (es ist möglich, daß)
    il faut que (es ist nötig, daß)   il semble que (es scheint, daß)
    il est important que (es ist wichtig, daß)   il vaut mieux que (es ist besser, daß)
    il est nécessaire que (es ist notwendig, daß)

    Beispiel: Il faut que vous observiez strictement les instructions...

5. Der Konjunktiv steht nach folgenden **Konjunktionen** (Bindewörtern):

    afin que (damit)   à condition que (unter der Bedingung, daß)
    pour que (damit)   de façon que (so daß)
    bien que (obgleich)   de manière que (so daß)
    quoique (obgleich)   jusqu'à ce que (bis)
    avant que (bevor)   pourvu que (vorausgesetzt, daß)

    Beispiel: Nous vous passerons l'ordre pourvu que vous nous accordiez le rabais demandé.

6. Der **Konjunktiv im Hauptsatz:**
Im Hauptsatz erscheint der Konjunktiv nur in folgenden Wendungen:

    Ayez la bonté... (wörtl.: Haben Sie die Güte, wollen Sie bitte...)
    Soyez assuré(s)... (Seien Sie versichert...)
    Veuillez nous envoyer... (Bitte schicken Sie uns...)

Infinitiv statt Konjunktiv

Der Konjunktiv ist in der gesprochenen und geschriebenen Sprache sehr gebräuchlich. **Infinitivkonstruktionen** anstelle des Konjunktivs sind möglich:

a) Wenn in Haupt- und Nebensatz dasselbe Subjekt erscheint.

Beispiele: Les clients désirent qu'ils reçoivent les échantillons...
oder: Les clients désirent recevoir les échantillons...
Nous sommes heureux que nous soyons en mesure de...
oder: Nous sommes heureux d'être en mesure de...

b) Wenn »il faut que« verwendet wird und ein Personalpronomen im 3. Fall ergänzt werden kann.

Beispiel: Il faut que vous soyez en mesure de... (Es ist nötig, daß Sie...)
oder: Il vous faut être en mesure de... (Sie müssen...)

Achtung: Bei einigen Wendungen besteht die Möglichkeit, den Konjunktiv zu vermeiden, indem man ein Verb hinzufügt, dem der Indikativ folgt.
Beispiel: Nous sommes heureux que vous soyez en mesure de...
Nous sommes heureux d'apprendre que vous êtes en mesure de...

Vokabeln:

Absatz, guten A. finden	avoir un bon débit	obgleich	bien que; quoique
absolut (Adv)	absolument	positiv (Adv.)	favorablement
Bedingung, unter d.B., daß	à condition que	regeln	régler
befürchten	avoir peur que; craindre	schade, es ist sch., daß	il est dommage que
beginnen	commencer	scheinen	sembler
berechnen (fakturieren)	facturer	seemäßig (verpacken)	mettre en emballage maritime
jdn. besuchen	rendre visite à qn	so daß	de façon que; de manière que
bevor (Konj.)	avant que		
bezweifeln	douter	Transportkosten	les frais (m) de transport
bis (Konj.)	jusqu'à ce que	überrascht sein	être surpris
damit	afin que, pour que	verlangen	demander
denken (meinen)	penser	vervollständigen	compléter
erforderlich sein	il est nécessaire	vorausgesetzt daß	pourvu que
erstaunt sein	être étonné, être surpris	Vorstellung, s. eine V. machen von	se faire une idée de
fristgerecht	au délai convenu		
froh sein, daß	être content que	vorziehen	préférer
lieber wollen	aimer mieux que	wünschen	désirer (für sich); souhaiter (für andere)
Mindestmenge	la quantité minimum		
mögen (gern)	aimer	zur Zeit	actuellement
Musterauswahl	le choix d'échantillons	Zweifel	le doute
nötig, es ist n.	il est nécessaire; il faut que	zweifellos	sans aucun doute
notwendig	nécessaire		

Übungen:

Setzen Sie die entsprechende Form des Konjunktivs ein

1. Il faut que les marchandises nous _____ sans délai. (parvenir)

2. Nous sommes heureux que la qualité vous _____. (convenir)

3. Nous regrettons que l'envoi _____ arrivé en mauvais état. (être)

4. Je ne crois pas que le client _____ des difficultés. (avoir)

5. Il faut que la qualité _____ exactement aux échantillons. (correspondre)

6. Il est nécessaire que vous nous _____ les pièces manquantes le plus vite possible. (faire parvenir)

7. Je regrette que vous ne _____ pas accepter nos prix. (pouvoir)

8. Il faut absolument que les échantillons _____ à temps. (arriver)

9. Il est important que les instructions _____ strictement observées. (être)

10. Nous sommes prêts à vous accorder le rabais désiré pourvu que vous _____ une quantité minimum de 300 pièces. (commander)

Übersetzen Sie:

1. Wir freuen uns, daß Ihnen die Qualität der Ware zusagt.

2. Ich glaube nicht, daß die Konkurrenz diesen Artikel zu einem günstigeren Preis anbieten kann.

3. Wir können unsere Preise noch aufrechterhalten, obwohl die Preise für Rohstoffe in den letzten Wochen gestiegen sind.

4. Wir sind überrascht, daß Sie uns die Transportkosten der Sendung vom 10. d.M. berechnet haben.

5. Der Kunde bedauert, daß er die Bedingungen nicht annehmen kann.

6. Wir freuen uns, daß wir Ihre Anfrage positiv beantworten können.

7. Ich befürchte, daß Ihre Produkte nicht konkurrenzfähig sind, da Ihre Preise über denen der Konkurrenz liegen (höher sind als).

8. Sie dürfen versichert sein, daß wir unser möglichstes tun, um Sie zufriedenzustellen.

9. Es ist wichtig, daß Sie unsere Verschiffungsanweisungen genau beachten.

10. Wir bedauern sehr, daß Ihr Auftrag so schlecht ausgeführt worden ist.

11. Sie können mit größeren Aufträgen rechnen, vorausgesetzt daß Ihre Preise nicht höher sind als die der Konkurrenz.

12. Die Ware muß (il faut) absolut der Qualität der Muster entsprechen.

13. Wir bezweifeln nicht, daß dieser Artikel einen guten Absatz finden wird.

14. Ich freue mich, daß die Ware in gutem Zustand angekommen ist.

15. Wir sind froh, daß diese Angelegenheit geregelt ist.

16. Es ist möglich, daß der Fabrikant zur Zeit keine Ersatzteile am Lager hat.

17. Wir senden Ihnen eine Musterauswahl, damit Sie sich eine Vorstellung von unserer Produktion machen können.

18. Ich glaube nicht, daß der Verkauf dieses Artikels schwierig ist.

19. Unsere Kunden wünschen, daß wir Ihnen Kataloge in französischer Sprache schicken.

20. Wir bitten Sie um einige Prospekte, damit wir sie den Kunden, die sich für dieses Modell interessieren, unterbreiten können.

21. Es scheint, daß die betreffende (oder in Frage kommende) Firma finanzielle Schwierigkeiten hat.

22. Wir behalten die beschädigte Ware unter der Voraussetzung, daß Sie den Preis um 15 % ermäßigen.

23. Wir möchten unser Lager vervollständigen, bevor die Saison beginnt.

24. Es ist schade, daß Sie uns den Auftrag nicht haben erteilen können.

25. Obgleich Ihre Bedingungen günstig sind, können wir Ihnen zur Zeit leider keinen Auftrag erteilen.

26. Es ist unbedingt erforderlich, daß die Ware seemäßig verpackt wird.

27. Bevor wir den Auftrag erteilen, möchten wir gern die genauen Lieferfristen erfahren.

28. Seien Sie versichert, daß wir unser möglichstes tun werden, um Ihren Auftrag fristgerecht auszuführen.

29. Der Kunde wünscht, daß die Muster gezogen werden.

30. Wir sind sehr überrascht, daß Sie mit der Qualität des besagten Artikels nicht zufrieden sind.

22. Das Partizip Präsens

Das Partizip Präsens (Mittelwort der Gegenwart) wird im Deutschen gebildet, indem man an die Stammform des Präsens die Endung »end« fügt (hoffen - hoffend; fehlen - fehlend).
Das Partizip Präsens wird im Französischen gebildet mit dem Stamm der 1. Person Plural Präsens + »...ant«

Ausgangsform	Partizip Präsens
nous espérons	espérant
nous finissons	finissant
nous venons	venant
Ausnahmen:	
être	**étant**
avoir	**ayant**

Gebrauch: Das Partizip Präsens wird vor allem als satzwertiges Partizip verwendet, d. h. Partizip + Ergänzung können einen Nebensatz oder Hauptsatz ersetzen:

1. Das Partizip Präsens (+ Ergänzung) kann einen **kausalen (begründenden) Nebensatz** ersetzen (häufigste Verwendung):

Beispiel: Comme nous avons grand besoin de cet article nous vous prions d'envoyer...
Ayant grand besoin de cet article nous vous prions d'envoyer...

2. Das Partizip Präsens (+ Ergänzung) kann einen **Relativsatz mit »qui« (Bezugswortsatz)** ersetzen (seltene Verwendung):

Beispiel: Veuillez trouver ci-joint notre note de débit **qui** s'élève à DM 789,34.
Veuillez trouver ci-joint notre note de débit s'élevant à DM 789,34.

3. Das Partizip Präsens (+ Ergänzung) kann einen Satz ersetzen, der die **Umstände, die einer Handlung voraufgehen oder eine Handlung begleiten,** ausdrückt. (Sehr häufig vor allem in Einleitungs- und Schlußsätzen der Handelkorrespondenz.)

Beispiel: Nous nous référons à votre demande du 2 ct et nous vous communiquons que...
Nous référant à votre demande du 2 ct nous vous communiquons que...

Partizipialsätze in dieser Funktion werden im Deutschen häufig durch substantivische Wendungen wiedergegeben, z. B. »unter Bezugnahme auf...«

Veränderlichkeit: Das Partizip Präsens ist als satzwertiges Partizip unveränderlich. Nur wenn es adjektivisch verwendet wird — was sehr selten der Fall ist — ist es veränderlich:

Beispiel: la commande suivante
les pièces manquantes

Beachten Sie:
1. Das satzwertige Partizip Präsens sollte nur verwendet werden, wenn das Subjekt im Hauptsatz und im Partizipialsatz dasselbe ist (das gilt nur bedingt für Relativsätze).

2. Die genaue Funktion des Partizips (siehe Beispiele 1 und 3) ist oft nur aus dem Kontext des Satzes zu bestimmen.

3. Die Partizipialkonstruktionen gelten im allgemeinen als schwerfällig und als Zeichen der Bürokratensprache. Da aber in der Handelskorrespondenz eine starke Tendenz zur Verkürzung der Aussagen besteht (Telexsprache), erscheinen Partizipialkonstruktionen recht häufig.

Achtung: Alle Verben auf »...ger« bilden das Partizip Präsens wie folgt: **changeant**

Achten Sie auf das zwischen »g« und »ant« geschobene »e«!

Vokabeln:

anlaufen (Hafen)	**faire escale à**	Ihrerseits	**de votre part**
Ausschuß (Ware)	**le rebut**	LKW	**le camion**
beinahe	**presque**	jede(r) beliebige(r)	**tout,e (ohne Artikel)**
belasten jdn mit etw	**débiter qn de qch**	mitteilen	**communiquer**
Bestandteil sein von	**faire partie de**	oben (erwähnt)	**mentionné, e ci-dessus**
Debitnote	**la note de débit**	Preißnachlaß	**la remise**
erinnern (jdn an etw)	**rappeler qch à qn**	Schiff	**le navire**
europäisch	**européen, ne**	übersteigen	**dépasser**
getrennt (Adv)	**séparément**	zurückweisen	**rejeter**
Herkunft	**la provenance**		

Übungen:

Formen Sie die Sätze um, indem Sie Partizipialkonstruktionen verwenden

1. Comme nous avons eu beaucoup de difficultés à vendre cet article, nous nous sommes décidés à ne plus le commander.

2. Nous nous référons à l'offre mentionnée ci-dessus et nous vous passons la commande suivante ....

3. Pour tout ordre qui dépasse les 2.000 pièces, nous accordons une remise de 2 %.

4. Les marchandises seront transbordées à Bordeaux, parce que le navire ne peut pas faire escale à Marseille.

5. Comme notre client n'est pas à même d'accepter ces conditions, il s'est adressé à une autre maison.

6. Tout lot qui fait partie d'une livraison partielle, doit être assuré séparément.

7. Nous acceptons les conditions de votre offre du 8 ct. et nous vous prions de nous fournir les articles suivants.

8. Comme l'article est d'une qualité inférieure, il ne se vend pas bien.

9. Nous ne pouvons pas accepter votre offre, parce que vos prix sont trop élevés.

10. Tout envoi qui contient plus de 10 % de rebut sera rejeté.

11. Nous nous référons à la visite de votre représentant et nous vous informons que nous acceptons vos conditions.

12. Vous serez débités de la somme d'achat de tout article qui ne correspond pas à l'échantillon.

13. Comme nos stocks sont presque épuisés, nous vous prions de nous livrer la marchandise commandée aussi vite que possible.

14. Comme le taux du fret a augmenté considérablement, nous vous proposons le transport par camion.

15. Toute machine qui est de provenance européenne, doit être accompagnée d'un certificat d'origine.

16. Comme nous sommes sans réponse de votre part, nous nous permettons de vous rappeler que nous avons grand besoin de la marchandise.

23. Das Gerundium

Das Gerundium ist im Französischen eine Verbform, die keine direkte Entsprechung im Deutschen hat. Vereinfacht dargestellt, besteht das Gerundium aus der Präposition »en« + Partizip Präsens.

> **en** + Partizip Präsens
>
> **en** examinant
> **en** choisissant
> **en** venant
>
> Verneinung:
> en ne pas examinant

Gebrauch

1. Das Gerundium drückt aus, **wie oder wodurch etwas geschieht** (Angabe der Art und Weise oder des Mittels, was im Deutschen durch »indem« oder »dadurch daß« ausgedrückt wird)

   Beispiel: Nous avons seulement pu vendre cet article en réduisant son prix.
   (Wir haben diesen Artikel nur verkaufen können, indem wir seinen Preis herabsetzten.)

2. Das Gerundium drückt aus, daß **zwei Handlungen gleichzeitg** verlaufen:

   Beispiel: En examinant les caisses nous avons dû constater que...
   (Als wir die Kisten prüften, haben wir feststellen müssen, daß...
   Oder üblicher: Bei Überprüfung der Kisten...

3. Das Gerundium drückt **eine Bedingung** aus (es kann einen Bedingungssatz ersetzen):

   Beispiel: En vérifiant la facture vous constaterez certainement que...
   (Wenn Sie die Rechnung überprüfen, werden Sie sicher feststellen, daß...

Beachten Sie:

1. Das Gerundium kann nur verwendet werden, wenn Gerundiumkonstruktion und Hauptsatz dasselbe Subjekt haben.
2. Das Gerundium ist unveränderlich.
3. Die genaue Bedeutung des Gerundiums läßt sich oft nur durch den Kontext bestimmen.
4. Das Gerundium kann unabhängig von der Zeit des Verbs im Hauptsatz verwendet werden.
5. Das Gerundium ist — im Gegensatz zur Partizipialkonstruktion — auch in der gesprochenen Sprache üblich.

Vokabeln:

anstatt zu tun	**au lieu de faire**	machen	**faire**
auf Basis	**sur (la) base**	regeln	**régler**
berücksichtigen	**tenir compte de**	Sauerstoffflasche	**la bouteille d'oxygène**
bestehen auf	**insister sur**	Stocklotmuster	**l'échantillon prélevé d'un lot déterminé**
Brüssel	**Bruxelles**		
(ein)sparen	**économiser**	überprüfen	**vérifier**
jdn ermächtigen etw zu tun	**autoriser qn à faire qch**	überwinden (Schwierigkeiten)	**surmonter**
Explosionsgefahr	**le danger d'explosion**	unwiderruflich	**irrévocable**
Fehler	**l'erreur (f)**	verhandeln	**négocier**
Gesamtwert	**la valeur totale**	verlängern	**prolonger**
Gewinn	**le profit**	verzichten auf	**renoncer à**
hinweisen auf etw	**indiquer qch.**	Vorauszahlung	**le paiement anticipé**
imaginär	**imaginaire**	Wechsel	**la traite**
lassen (veranlassen)	**faire (+ Inf.)**	Wille	**la volonté**
Lieferverzug	**le retard dans la livraison**	Zweigstelle	**la succursale**

Übersetzen Sie:

1. Beim Prüfen der Rechnung haben wir festgestellt, daß Sie einen Fehler gemacht haben.

2. Indem wir uns auf Ihren Brief vom 28. des vergangenen Monats beziehen, teilen wir Ihnen heute mit, daß wir Ihnen die gewünschten Einzelheiten in den nächsten Tagen wissen lassen.

3. Sie könnten 10 % vom Angebotspreis sparen, wenn Sie die besagte Ware bei unserer Zweigstelle in Brüssel bestellten.

4. Sie könnten uns helfen, die gegenwärtigen Schwierigkeiten zu überwinden, indem Sie uns günstigere Zahlungsbedingungen einräumen.

5. Beim Versichern der cif-verkauften Ware müssen Sie den imaginären Gewinn berücksichtigen.

6. Wir sind überzeugt, daß diese Angelegenheit nur geregelt werden kann, indem wir Sie ermächtigen, mit dem Kunden zu verhandeln.

7. Sie könnten Schwierigkeiten vermeiden, wenn Sie sofort nach Einlagerung der Partie Muster ziehen ließen.

8. Der Lieferant hat einen Lieferverzug nur vermeiden können, indem er die Ware per LKW versandt hat, anstatt sie - wie vereinbart - per Schiff via Beirut zu versenden.

9. Bei der Verzollung der Ware müssen Sie die Einkaufsrechnung vorlegen.

10. Sie könnten 10 % der Frachtrate einsparen, wenn Sie die Ware in Rotterdam nicht umladen ließen.

11. Unser Vertreter hat Herrn Dubois veranlassen können, uns einen Auftrag zu erteilen, indem er ihm versprochen hat, daß die Ware in zwei Wochen geliefert werden kann.

12. Bei der Eröffnung des Akkreditivs müssen Sie beachten, daß es unwiderruflich ist.

13. Wir sind bereit, Ihnen unseren guten Willen zu zeigen, indem wir Ihnen einen Ausnahmerabatt von 5 % gewähren.

14. Sie könnten 2 % der Transportkosten einsparen, wenn Sie auf eine seemäßige Verpackung verzichteten.

15. Sie würden sicherlich Schwierigkeiten mit Ihren Kunden vermeiden, wenn Sie auf Basis eines Stocklotmusters kauften.

16. Beim Verladen der Sauerstoffflaschen müssen Sie auf die Explosionsgefahr hinweisen.

17. Sie könnten uns helfen, Schwierigkeiten zu vermeiden, wenn Sie uns sofort nach Verladung die Nummer des Konnossementes wissen ließen.

18. Wir haben uns entschlossen, Ihnen zu helfen, indem wir den Wechsel um 21 Tage verlängern.

19. Sie könnten Schwierigkeiten vermeiden, wenn Sie in diesem Fall auf Vorauszahlung bestehen.

20. Wir haben jede Beschädigung der Waren vermeiden wollen, indem wir stärkere Kisten genommen haben.

Anmerkungen zu den Kapiteln 1 bis 23

Anmerkung 1

Im Französischen gilt das »h« am Anfang eines Wortes teils als Konsonant, teils als Vokal. Gilt es als Konsonant, so tritt bei den davorstehenden Artikeln und Pronomina keine Elision ein:

Beispiele:
le hangar	(der Schuppen)	je hausse	ich erhöhe
la hausse	(die Hausse)	la foire de	
hausser	(erhöhen)	Hannovre	(die Hannover-Messe)

Gilt das »h« als Vokal, so tritt bei den davorstehenden Artikeln und Pronomina die Elision ein:

l'heure (f)	(die Stunde)	honorer une traite	(einen Wechsel honorieren)
l'hiver (m)	(der Winter)		
l'hôtel (m)	(das Hotel)	j'honore une traite	(ich honoriere einen Wechsel)

Anmerkung 2

1. Das Präsens von »choisir« (wählen):

je choisis	nous choisissons
tu choisis	vous choisissez
il choisit	ils choisissent

so auch »finir« (beenden), »établir« (festsetzen)

Das Präsens von »partir« (fortgehen, -fahren):

je pars	nous partons
tu pars	vous partez
il part	ils partent

so auch »sortir« (hinausgehen); »servir« (dienen)

2. Die Konjugation der Verben auf »oir« ersehen Sie aus der Liste der wichtigsten unregelmäßigen Verben.

Anmerkung 3

Bei der Verneinung des Infinitivs werden beide Teile des Verneinungsadverbs vor den Infinitiv gestellt:

Ne pas culbuter! (Nicht kippen!)

Anmerkung 4

Das neutrale Relativpronomen »was« hat im Französischen folgende Formen:

1. Fall: Nous savons **ce qui** pourrait intéresser vos clients.
(Wir wissen, was Ihre Kunden interessieren könnte.)

4. Fall: Je ne sais pas **ce que** M. Dubois a voulu me dire.
(Ich weiß nicht, was Herr Dubois mir hat sagen wollen.)

Anmerkung 5

Das Futur II (die vollendete Zukunft) wird wie folgt gebildet: Futur des Hilfsverbes + Partizip

j'aurai	exécuté	(ich werde ausgeführt haben)
tu auras	exécuté	(du wirst ausgeführt haben)
il aura	exécuté	(er wird ausgeführt haben)
nous aurons	exécuté	(wir werden ausgeführt haben)
vous aurez	exécuté	(Sie werden ausgeführt haben)
ils auront	exécuté	(sie werden ausgeführt haben)
je serai	arrivé	(ich werde angekommen sein)
tu seras	arrivé	(du wirst angekommen sein)
il sera	arrivé	(er wird angekommen sein)
nous serons	arrivés	(wir werden angekommen sein)
vous serez	arrivé(s)	(Sie werden angekommen sein)
ils seront	arrivés	(sie werden angekommen sein)

Anmerkung 6

Im Gegensatz zu »Wir haben **keine** Kunden« — »Nous **n**'avons **pas de** clients« wird »Das **ist kein** Wein« immer wie folgt übersetzt: »Ce **n**'est **pas du** vin«.

Der **volle Teilungsartikel** ist erforderlich, wenn »être« verneint ist.

Anmerkung 7

Die Pronominaladverbien »en« und »y«
»**en**« kann ersetzen

    1. **eine Ortsangabe mit »de«**
       Notre représentant vient **de Lyon.**
       Notre représentant **en** vient.

    2. **ein Präpositionalgefüge (Verb + »de« + Subst.)**
       Je vous remercie **de votre lettre.**
       Je vous **en** remercie.
       Nous sommes contents **de cette qualité.**
       Nous **en** sommes contents.

    3. **ein Substantiv, vor dem eine Mengenangabe steht.**
       Nous vous soumettons **plusieurs offres.**
       Nous vous **en** soumettons **plusieurs.**

       Verneinung: Il n'**en** vient pas.
                 Nous n'**en** avons pas été contents.

»**y**« kann ersetzen

    1. **eine Ortsangabe vor allem mit »à, en, sur, dans«**
       Les marchandises sont arrivées **à Beyrouth.**
       Les marchandises **y** sont arrivées.

    2. **ein Präpositionalgefüge (Verb + »à, en, sur, dans« + Subst.)**
       Nous sommes spécialisés **dans cette branche.**
       Nous **y** sommes spécialisés.

       Nous nous intéressons **à cet article.**
       Nous nous **y** intéressons.

       Verneinung: Elles n'**y** sont pas arrivées.
                 Nous ne nous **y** intéressons pas.

Achtung: Auf Personen bezogen gilt:
       Nous coopérons avec M. Dubois.
       Nous coopérons avec **lui.**
       Nous coopérons avec ces fabricants.
       Nous coopérons avec **eux.**

»**lui**« und »**eux**« sind **betonte Personalpronomina**. Die Formen des betonten Personalpronomens lauten:

moi	**nous**
toi	**vous**
lui	**eux**
elle	**elles**

24. Tabellen

Die Zahlen

Die Grundzahlen:

0	zéro	20	vingt	100	cent
1	un	21	vingt et un	101	cent un
2	deux	22	vingt-deux	110	cent dix
3	trois		usw.	170	cent soixante-dix
4	quatre	30	trente	198	cent quatre-vingt-dix-huit
5	cinq	31	trente et un	200	deux cents
6	six	32	trente-deux	220	deux cent vingt
7	sept		usw.	1000	mille
8	huit	40	quarante	1001	mille un
9	neuf	41	quarante et un	2000	deux mille
10	dix	50	cinquante	3210	trois mille deux cent dix
11	onze	51	cinquante et un	1.000.000	un million
12	douze	60	soixante		
13	treize	61	soixante et un		
14	quatorze	70	soixante-dix		
15	quinze	71	soixante et onze		
16	seize	76	soixante-seize		
17	dix-sept	80	quatre-vingts		
18	dix-huit	81	quatre-vingt-un		
19	dix-neuf	87	quatre-vingt-sept		
		90	quatre-vingt-dix		
		91	quatre-vingt-onze		
		99	quatre-vingt-dix-neuf		

Die Ordnungszahlen:

der erste	le premier (1er)
die erste	la première (1re)
der, die zweite	le, la deuxième (2e)
der, die dritte	le, la troisième (3e)
der, die elfte	le, la onzième (11e)

Die Wochentage

Montag	lundi
Dienstag	mardi
Mittwoch	mercredi
Donnerstag	jeudi
Freitag	vendredi
Sonnabend	samedi
Sonntag	dimanche
am Montag	lundi (letzten oder kommenden Montag)
montags	le lundi (regelmäßige Wiederholung)
nächste Woche	la semaine prochaine
letzte, vorige Woche	la semaine dernière
in drei Wochen	en trois semaines (binnen) dans trois semaines (heute in drei Wochen)

Die Monate

Januar	janvier
Februar	février
März	mars
April	avril
Mai	mai
Juni	juin
Juli	juillet
August	août
September	septembre
Oktober	octobre
November	novembre
Dezember	décembre
im Januar	en janvier; au mois de janvier
Anfang Januar	début janvier
Ende Januar	fin janvier

nächsten Monat etc. s. Wochentage

Der Tagesablauf

der Morgen	le matin
morgens	le matin
mittags	à midi, le midi
der Nachmittag	l'après-midi
nachmittags	l'après-midi
der Abend	le soir
abends	le soir
die Nacht	la nuit, de nuit
nachts	la nuit
heute morgen	ce matin
heute nachmittag	cet après-midi
heute abend	ce soir

Das Datum

In der Datumsangabe werden im Französischen die Grundzahlen verwendet
(Ausnahme: der erste Tag im Monat!).

Die Monatsnamen werden klein geschrieben.
Monatsnamen sollten stets ausgeschrieben werden.

Hamburg, den 1. Juni 19...	**Hambourg, le 1er juin 19...**
Hamburg, den 2. Juni 19...	**Hambourg, le 2 juin 19...**
Hamburg, den 31. Mai 19...	**Hambourg, le 31 mai 19...**

Ländernamen

Diese Übersicht umfaßt die wichtigsten Ländernamen und die dazugehörigen Adjektive mit besonderer Berücksichtigung der französisch sprechenden Staaten.

Die Ländernamen müssen im Französischen immer mit dem bestimmten Artikel verwendet werden:

Frankreich	**la** France
In/nach Frankreich	**en** France (weil »France« weiblich ist)
In/nach Kanada	**au** Canada (weil »Canada« männlich ist)
In/nach den USA	**aux** Etats-Unis (weil »Etats-Unis« nur im Plural verwendet wird)

Afrika	l'Afrique (f), africain, e	Kambodscha	le Cambodge, cambodgien, ne
Ägypten	l'Egypte (f), égyptien, ne	Kamerun	le Cameroun, camerounais, e
Algerien	l'Algérie (f), algérien, ne	Kanada	le Canada, canadien, ne
Amerika	l'Amérique (f), américain, e		
(Nordamerika)	l'Amérique du Nord, nord-américain, e	Laos	le Laos, laotien, ne
		Libanon	le Liban, libanais, e
Arabien	l'Arabie (f), arabe	Luxemburg	le Luxembourg, luxembourgeois, e
Argentinien	l'Argentine (f), argentin, e	Libyen	la Libye, libyque
Asien	l'Asie (f), asiatique		
Australien	l'Australie (f), australien, en	Madagaskar	le Madagascar, malgache
		Malaysia	la Malaisie, malais, e
Belgien	la Belgique, belge	Marokko	le Maroc, marocain, e
Brasilien	le Brésil, brésilien, ne	Mexiko	le Mexique, mexicain, e
Bulgarien	la Bulgarie, bulgare		
		Neuseeland	la Nouvelle-Zélande, néo-zélandais, e
Chile	le Chili, chilien, ne	Nigeria	la Nigérie, nigérien, ne
China	la Chine, chinois, e	Norwegen	la Norvège, norvégien, ne
Dänemark	le Danemark, danois, e	Österreich	l'Autriche (f), autrichien, ne
Deutschland	l'Allemagne (f), allemand, e,		
Bundesrepublik	la République fédérale d'Allemagne (RFA)	Pakistan	le Pakistan, pakistanais, e
		Paraguay	le Paraguay, paraguayen, ne
DDR	la République démocratique allemande (RDA)	Peru	le Pérou, péruvien, ne
		Philippinen	les Philippines (f), philippin, e
		Polen	la Pologne, polonais, e
Elfenbeinküste	la République de la Côte d'Ivoire, ivoirien, ne	Portugal	le Portugal, portugais, e
England	l'Angleterre (f), anglais, e	Rumänien	la Roumanie, roumain, e
Europa	l'Europe (f), européen, ne	Russland	la Russie, russe
Finnland	la Finlande, finlandais, e	Schottland	l'Écosse (f), écossais, e
Frankreich	la France, français, e	Schweden	la Suède, suédois, e
		Schweiz	la Suisse, suisse
Ghana	le Ghana, ghanéen, ne	Senegal	le Sénégal, sénégalais, e
Griechenland	la Grèce, grec, grecque	Sowjetunion	l'Union (f) soviétique, soviétique
Großbritannien	la Grande-Bretagne, brutannique		
Guinea	la Guinée, guinéen, ne	Spanien	l'Espagne (f), espagnol, e
		Sudan	le Soudan, soudanais, e
Holland	la Hollande, hollandais, e	Syrien	la Syrie, syrien, ne
Indien	les Indes (f), indien, ne	Tschechoslowakei	la Tchécoslovaquie, tchécoslovaque
Indonesien	l'Indonésie (f), indonésien, ne	Thailand	la Thailande, thailandais, e
Iran	l'Iran (m), iranien, ne	Tunesien	la Tunisie, tunisien, ne
Irak	l'Iraq (m), iraquien, ne	Türkei	la Turquie, turc, turque
Irland	l'Irlande (f), irlandais, e		
Israel	l'Israël (m), israélien, ne	UDSSR	l'URSS
Italien	l'Italie (f), italien, ne	Ungarn	la Hongrie, hongrois, e
		Uruguay	l'Uruguay, uruguayen, ne
Japan	le Japon, japonais, e		
Jordanien	la Jordanie, jordanien, ne	Venezuela	le Vénézuéla, vénézuélien, ne
Jugoslawien	la Yougoslavie, yougoslave	Vietnam	le Viet-Nam, vietnamien, ne

Liste der unregelmäßigen Verben

Infinitiv	Präsens	Futur	Perfekt	Konjunktiv
aller (gehen, fahren)	je vais il va nous allons ils vont	j'irai	je suis allé	que j'aille que nous allions qu'ils aillent
apprendre (erfahren)	s. prendre			
avoir (haben)	j'ai tu as il a nous avons vous avez ils ont	j'aurai	j'ai eu	que j'aie qu'il ait que nous ayons qu'ils aient
comprendre (verstehen, umfassen)	s. prendre			
connaître (kennen)	je connais nous connaissons ils connaissent	je connaîtrai	j'ai connu	que je connaisse que nous connaissions
consentir (zustimmen)	s. sentir			
contenir (enthalten)	s. tenir			
convenir (zusagen)	s. venir			
couvrir (decken)	je couvre	je couvrirai	j'ai couvert	que je couvre
craindre (befürchten)	je crains tu crains il craint nous craignons vous craignez ils craignent	je craindrai	j'ai craint	que je craigne que nous craignions
croire (glauben)	je crois nous croyons ils croient	je croirai	j'ai cru	que je croie que nous croyions
devenir (werden)	s. venir			
devoir (sollen, müssen)	je dois nous devons ils doivent	je devrai	j'ai dû	que je doive que nous devions qu'ils doivent
dire (sagen)	je dis vous dites ils disent	je dirai	j'ai dit	que je dise que nous disions
écrire (schreiben)	j'écris nous écrivons ils écrivent	j'écrirai	j'ai écrit	que j'écrive que nous écrivions
envoyer (schicken)	j'envoie nous envoyons ils envoient	j'enverrai	j'ai envoyé	que j'envoie que nous envoyions
être (sein)	je suis tu es il est nous sommes vous êtes ils sont	je serai	j'ai été	que je sois que nous soyons qu'ils soient
faire (tun, machen)	je fais vous faites ils font	je ferai	j'ai fait	que je fasse que nous fassions

introduire (einführen)	j'introduis nous introduisons	j'introduirai	j'ai introduit	que j'introduise que nous introduisions
joindre (beifügen)	je joins nous joignons ils joignent	je joindrai	j'ai joint	que je joigne que nous joignions
lire (lesen)	je lis nous lisons ils lisent	je lirai	j'ai lu	que je lise que nous lisions
maintenir (aufrechterhalten)	s. tenir			
mettre (legen, stellen)	je mets nous mettons ils mettent	je mettrai	j'ai mis	que je mette que nous mettions
obtenir (erhalten)	s. tenir			
offrir (anbieten)	j'offre	j'offrirai	j'ai offert	que j'offre que nous offrions
ouvrir (öffnen)	s. couvrir			
partir (wegfahren, weggehen)	je pars nous partons ils partent	je partirai	je suis parti	que je parte que nous partions
permettre (erlauben)	s. mettre			
se plaindre (beschweren)	s. craindre		je me suis plaint	
pouvoir (können)	je peux nous pouvons ils peuvent	je pourrai	j'ai pu	que je puisse que nous puissions
prendre (nehmen)	je prends nous prenons ils prennent	je prendrai	j'ai pris	que je prenne que nous prenions qu'ils prennent
prévoir (voraussehen)	s. voir			
produire (herstellen)	je produis nous produisons ils produisent	je produirai	j'ai produit	que je produise que nous produisions
promettre (versprechen)	s. mettre			
recevoir (erhalten)	je reçois nous recevons ils reçoivent	je recevrai	j'ai reçu	que je reçoive que nous recevions qu'ils reçoivent
réduire (ermäßigen)	je réduis nous réduisons ils réduisent	je réduirai	j'ai réduit	que je réduise que nous réduisions
remettre (aushändigen)	s. mettre			
reprendre (zurücknehmen)	s. prendre			
savoir (wissen)	je sais nous savons ils savent	je saurai	j'ai su	que je sache que nous sachions
sentir (fühlen)	je sens nous sentons ils sentent	je sentirai	j'ai senti	que je sente que nous sentions
servir (dienen)	je sers nous servons ils servent	je servirai	j'ai servi	que je serve que nous servions
sortir (hinausgehen)	s. partir			

soumettre (unterbreiten)	s. mettre			
soutenir (standhalten)	s. tenir			
suivre (folgen)	je suis nous suivons ils suivent	je suivrai	j'ai suivi	que je suive que nous suivions
tenir (halten)	je tiens nous tenons ils tiennent	je tiendrai	j'ai tenu	que je tienne que nous tenions qu'ils tiennent
venir (kommen)	je viens nous venons ils viennent	je viendrai	je suis venu **aber** ils ont convenu	que je vienne que nous venions qu'ils viennent
voir (sehen)	je vois nous voyons ils voient	je verrai	j'ai vu	que je voie que nous voyions qu'ils voient
vouloir (wollen)	je veux nous voulons ils veulent	je voudrai	j'ai voulu	que je veuille que nous voulions qu'ils veuillent

Das Verb und seine Ergänzungen

Erfahrungsgemäß sind es die Ergänzungen bei Verben (Anschluß des Objekts, Anschluß des Infinitivs), die immer wieder zu Schwierigkeiten führen. Da in der Regel das Verb bekannt ist, aber Zweifel in Hinblick auf den Anschluß vorhanden sind, werden im folgenden die französischen Wendungen zuerst genannt.

accepter de faire qch	akzeptieren, etw zu tun	être décidé à faire qch	entschlossen sein, etw zu tun
accepter qch	einverstanden sein mit etw; etw annehmen	être disposé à faire qch	bereit sein, etw zu tun
s'adresser à qn	s. an jdn wenden	être difficile de faire qch /à faire qch	schwierig sein, etw zu tun
aider qn à faire qch	jdm helfen, etw zu tun	il est difficile de vendre cet article	
aimer faire qch	gerne etw tun, mögen	**aber:** cet article est difficile à vendre	
aller faire qch	Umschreibung für die Zukunft	être heureux de qch	erfreut sein über etw
apprendre par	erfahren; entnehmen aus	être heureux de faire qch	erfreut sein, etw zu tun
autoriser qn à faire qch	jdn bevollmächtigen, etw zu tun	être à même de faire qch	in der Lage sein, etw zu tun
avoir à faire qch	etw tun müssen	être en mesure de faire qch	in der Lage sein, etw zu tun
avoir besoin de qch	etw benötigen, brauchen		
avoir des difficultés à faire qch	Schwierigkeiten haben, etw zu tun	être en train de faire qch	gerade etw tun
avoir l'intention de faire qch	beabsichtigen, etw zu tun	être obligé à qn de faire qch	jdm verbunden sein, etw zu tun
commencer à (de) faire qch	beginnen, etw zu tun	être prêt à faire qch	bereit sein, etw zu tun
comparer à	vergleichen mit	être reconnaissant à qn de qch	jdm dankbar sein für etw
compter faire qch	vorhaben, etw zu tun		
compter parmi	zählen zu (den größten Firmen)	être reconnaissant à qn de faire qch	jdm dankbar sein, etw zu tun
compter sur qch	rechnen mit (z. B. Auftrag)	être redevable à qn de qch	jdm etw verdanken
conseiller à qn de faire qch	jdm raten, etw zu tun		
consentir à qch (à faire qch)	einwilligen in, etw (etw zu tun)	être satisfait de qch	zufrieden sein mit etw
continuer à (de) faire qch	fortfahren, etw zu tun	être spécialisé dans qch	in etw spezialisiert sein
convenir à qn	jdm zusagen	être surpris de qch	über etwas erstaunt sein
correspondre à qch	einer Sache entsprechen	éviter de faire qch	vermeiden, etw zu tun
courir un risque	ein Risiko eingehen	s'excuser de qch	sich für etw entschuldigen
créditer qn de qch	jdm etw gutschreiben	faire de son mieux	sein Bestes tun
débiter qn de qch	jdn mit etw belasten (eine Summe)	faire faire qch	veranlassen, etw zu tun
		se faire par	erfolgen
se décider à faire qch	s. entschließen, etw zu tun	faire parvenir qch à qn	jdm etw zukommen lassen
décider de faire qch	beschließen, etw zu tun	faire savoir qch à qn	jdn etw wissen lassen
demander à qn de faire qch	jdn bitten, etw zu tun	il faut faire qch	man muß, es ist nötig, etw zu tun
demander qch à qn	jdn um etw bitten		
désirer faire	wünschen zu tun	inciter qn à faire qch	jdn veranlassen, etw zu tun
devoir qch à qn	jdm etw schulden, verdanken	s'informer de qch	s. über etwas informieren
devoir faire qch	etw tun müssen	insister sur qch	auf etw bestehen
dire à qn de faire qch	jdm sagen, auftragen, etw zu tun	intéresser qn à qch	jdn für etw interessieren
		être intéressé par qch	interessiert sein an etw
		s'intéresser à qch	s. für etw interessieren
disposer de qch	über etw verfügen	joindre qch à qch	etw einer Sache beifügen (z. B. einem Brief einen Auftrag)
s'efforcer de faire qch	s. bemühen, etw zu tun		
s'élever à	sich belaufen auf	laisser qn faire qch	jdn etw tun lassen (erlauben)
embarquer pour	verladen nach	se monter à	s. belaufen auf
s'empresser de faire qch	s. beeilen, etw zu tun	s'occuper de qch	s. mit etw befassen
s'engager à faire qch	s. verpflichten, etw zu tun	oublier de faire qch	vergessen, etw zu tun
entrer en relations d'affaires	in Geschäftsbeziehungen treten mit	parler à qn (avec qn)	mit jdm sprechen
		partir pour	abreisen nach
espérer faire qch	hoffen, etw zu tun	penser faire qch	beabsichtigen, etw zu tun
essayer de faire qch	versuchen, etw zu tun	se permettre de faire qch	s. erlauben, etw zu tun
être d'accord avec qn	mit jdm übereinstimmen, einer Meinung sein	se plaindre de qch	s. über etw beklagen (beschweren)
être d'accord pour faire qch	einverstanden sein, etw zu tun	préférer faire qch	vorziehen, etw zu tun
		préférer qch à qch	etw einer Sache vorziehen
être d'accord sur qch	einverstanden mit etw	prendre part à qch	an etw teilnehmen
être d'avis	der Meinung sein	prier qn de faire qch	jdn bitten, etw zu tun
être capable de faire qch	fähig sein, in der Lage sein, etw zu tun	profiter de qch	von etw profitieren (Gelegenheit wahrnehmen)
être conforme à qch	einer Sache entsprechen	promettre à qn de faire qch	jdm versprechen, etw zu tun
être content de qch	mit etw zufrieden sein	proposer à qn de faire qch	jdm vorschlagen, etw zu tun

pouvoir faire qch	etw tun können	risquer de faire qch	Gefahr laufen, etw zu tun
rappeler qch à qn	jdn an etw erinnern	satisfaire qn	jdn zufriedenstellen
recommander à qn de faire qch	jdm empfehlen, etw zu tun	servir à qch	zu etw dienen
		souhaiter qch à qn	jdm etw wünschen
se référer à qch	s. auch etw beziehen	soumettre qch à qn	jdm etw unterbreiten
regretter qch	etw bedauern	soutenir la concurrence	d. Konkurrenz standhalten
regretter de faire qch	bedauern, etw zu tun	se souvenir de qch	s. an etw erinnern
remercier qn de (pour) qch	jdm für etw danken	téléphoner à qn	mit jdm telefonieren
répondre à qch	etw beantworten	tenir compte de qch	etw berücksichtigen
rendre visite à qn	jdn besuchen	il vaut mieux faire qch	es ist besser, etw zu tun
se rendre à	sich begeben nach	venir de faire qch	soeben etw getan haben
se rendre compte de qch	sich einer Sache bewußt sein	vérifier qch	etw (über)prüfen
réussir à faire	gelingen zu tun	vouloir faire qch	etw tun wollen
j'ai réussi à faire	es ist mir gelungen zu tun		

Tabelle der gebräuchlichsten Konjunktionen

aber	mais	nicht nur…sondern auch	non seulement…mais encore
als	quand, lorsque	ob	si
also (folglich)	donc, par conséquent	obwohl	bien que + Konj., quoique + Konj.
angenommen, daß	supposé que + Konj.		
anstatt zu (daß)	au lieu de + Inf.	oder	ou
das bedeutet, daß	cela signifie que	ohne daß	sans que + Konj.
das heißt	c'est-à-dire	ohne zu	sans + Inf.
zum Beispiel	par exemple	seitdem	depuis que
bevor	avant que + Konj.	so daß	de façon que + Konj., de manière que + Konj., de sorte que
bis	jusqu'à ce que + Konj.		
da	(zu Beginn des Satzgefüges) comme, étant donné que, puisque, (im Satzgefüge) parce que, puisque	sobald	dès que
		sondern	mais
		sowie	ainsi que
		sowohl…als auch	non seulement…mais encore, et…et
dadurch daß	en + Gerundium		
daher	c'est pourquoi, pour cette raison	trotzdem	pourtant, tout de même
		um zu	pour + Inf.
damit	afin que + Konj., pour que + Konj.	und	et
		unter der Bedingung, daß	à condition que + Konj.
daß	que	vorausgesetzt, daß	pourvu que + Konj.
denn	car, parce que	während	(zeitlich) pendant que; (gegensätzlich) tandis que
dennoch	cependant, pourtant		
deshalb	pour cette raison	weil	s. da
deswegen	c'est pourquoi	wenn	(bedingend) si; (immer wenn) quand
entweder…oder	ou…ou, soit…soit		
falls	si	wie	comme (comme vous nous avez informés) comment (Art u. Weise: Il nous informe comment la machine fonctionne)
indem	en + Gerundium		
infolgedessen	par conséquent		
jedoch	cependant		
nachdem	après avoir + 2. Partizip; après que	zwar…aber	il est vrai

Tabelle wichtiger Präpositionen

(Siehe auch Tabelle »Das Verb und seine Ergänzung«)

ab	(zeitl.) à partir de; (örtl.) ab Werk, Lager — départ usine, ex magasin
abzüglich (Kosten)	déduction faite de
als	(in der Eigenschaft von) als Ihr Vertreter — comme votre représentant als Anlage — en annexe, ci-joint, ci-inclus als Eilgut — en régime accéléré als Frachtgut — en régime ordinaire
am	am Anfang — au début, au commencement am 12. Mai — le 12 mai am besten — le mieux
an	Grundbedeutung à; an Ihre Adresse — à votre adresse an erster Stelle — en premier lieu
in Anbetracht	en raison de, en considération de
anläßlich	à l'occasion de
anstelle von	à la place de
auf	(örtl.) sur; auf Abruf — sur appel auf Anfrage — sur demande auf Basis von — sur base de auf französisch — en français auf unsere Kosten — à nos frais auf Lager — en stock auf dem Markt — sur/dans le marché auf diese Weise — de cette façon
aufgrund	à cause de
aus	(örtl.) aus Frankreich — de France aus Plastik, Holz — de (en) matière plastique, de (en) bois aus Erfahrung — par expérience aus diesem Grunde — pour cette raison
ausgenommen	exeption faite de, excepté
außer	sauf; außer acht lassen — ne pas tenir compte de
bei	(in der Nähe von) près de; (bei Personen und Sachen) auprès de; (bei Personen) chez; bei Abnahme — si vous achetez (s. auch Gerundium) bei Ihrem letzten Besuch — lors de votre dernière visite bei Gelegenheit — à l'occasion de
bei	(im Falle von) — en cas de
betreffs	concernant, en ce qui concerne, au sujet de; im Briefkopf: Objet, Réf. (référence)
bezüglich	(s. »betreffs«)
binnen	dans le délai de; binnen kurzem — sous peu (s. »in«)
bis	jusqu'à; bis Ende Juni — d'ici fin juin bis Ende des Monats — d'ici la fin du mois bis auf weiteres — jusqu'à nouvel ordre bis jetzt — jusqu'à maintenant
dank	grâce à

durch	(bei Vermittlung u. Ursache) par; (örtl.) par, en transit par; (dank) grâce à; (infolge) par suite de; durch Zufall — par hasard
entgegen	contrairement à
entsprechend	conformément à
frei	frei Haus — franco domicile frei Grenze — franco frontière
für	(Grundbedeutung) pour; (zugunsten von) en faveur de; ein Beweis für — une preuve de für Rechnung von — pour le compte de
gegen	contre; (zeitl.) vers; gegen Quittung — contre quittance
gegenüber	(Personen) envers; (im Vergleich) par rapport à; (örtl.) en face de
gemäß	selon, conformément à, suivant
gleich nach	g. n. Erhalt — dès réception de
hinsichtlich	concernant, en ce qui concerne, quant à, au sujet de
im	im Anschluß an — suite à im Auftrag von — par ordre de im besonderen — en particulier im Falle von — en cas de im Gegenteil — au contraire im (Monat) Mai — en mai, au mois de mai im übrigen — d'ailleurs im Verlauf von — au cours de im Vergleich zu — en comparaison de, comparé à
in	(örtl.) in Paris — à Paris; in Frankreich — en France; in Europa — en Europe; (zeitl.) in zehn Tagen (nach Ablauf von) — dans dix jours; in acht Tagen (innerhalb, binnen) — en huit jours, dans les huit jours; in diesen Tagen — ces jours-ci in der nächsten Woche — la semaine prochaine in diesem Jahr — cette année in französischer Sprache — en français in kurzer Zeit — en peu de temps in letzter Zeit — ces derniers temps in Anbetracht — en considération de in Anwesenheit von — en présence de in Ausführung von — en exécution de in Beantwortung von — en réponse à in Bezug auf — en référence à (Schreiben, Telex) in Erwartung — dans l'attente de in jedem Fall — en tout cas in Kürze — sous peu in der Tat — en effet in gutem Zustand — en bon état
infolge von	par suite de
inklusive	y compris
innerhalb von	s. »in«
laut	s. »gemäß«
mit	Grundbedeutung: avec; (Begleitung, Mittel) par; mit Ausnahme von — exception faite de mit Bezug auf — en référence à mit getrennter Post — par courrier séparé mit (per) Lastwagen (Zug, Schiff) — par camion (train, navire)

nach	(örtl.) nach Paris — à Paris; nach Frankreich — en France; (zeitl.) après; nach Ablauf von — au bout de nach Erhalt — après réception de sofort nach E. — dès réception nach Überprüfung — après vérification de Anfrage nach — la demande de
nach (gemäß)	selon, d'après, suivant
neben	(örtl.) à côté de; (nebst) avec
ohne	sans; (ausgenommen) excepté; ohne Frage — sans aucun doute ohne weiteres — sans plus
per	par; per Bahn — par chemin de fer per Einschreiben — par lettre recommandée, en recommandé per Scheck — par chèque
pro	par; pro Jahr — par an
seit	depuis; seit langem — depuis longtemps seit kurzem — depuis peu
seitens	de la part de; unsererseits — de notre part
sofort	(gleich nach) dès; sofort nach Erhalt — dès réception de
statt	au lieu de; à la place de
trotz	malgré; trotz alledem — malgré tout
über	(örtl.) par, via; über Paris — via Paris ein Angebot über — une offre de ein Auftrag über — une commande de, une commande portant sur eine Auskunft über — un renseignement sur ein Scheck über — un chèque de ein Vorschlag über — une proposition de
um	(zeitl. gegen) vers; um jeden Preis — à tout prix es handelt sich um — il s'agit de
unter	(örtl.) sous; (zwischen Personen, Sachen) entre, parmi; unter anderem — entre autres (choses) unter Bezugnahme auf — en référence à unter der Leitung von — sous la direction de unter diesen Umständen — dans ces conditions unter Umständen — le cas échéant, éventuellement unter Vorbehalt — sous réserve
verglichen mit	en comparaison de, comparé à
vom	(Datum) en date du
von	(örtl.) de; (zeitl.) de, à partir de, depuis; von…ab — depuis von Anfang an — dès le début von heute an — à partir d'aujourd'hui von neuem — de nouveau von seiten — de la part de von vornherein — dès le début von Zeit zu Zeit — de temps en temps

vor	(örtl.) devant; (zeitl.) il y a (von der Situation des Sprechers aus gesehen); avant (vor einem bestimmten Zeitpunkt) vor drei Wochen — il y a trois semaines vor Ende November — avant fin novembre vor allem — avant tout vor kurzem — il y a peu de temps
vorbehaltlich	sous réserve de, sauf; vorbehaltlich Zwischenverkauf — sauf vente
was anbetrifft	en ce qui concerne, quant à, concernant
während	pendant
wegen	(Grund) à cause de; (infolge) par suite de; (betreffend) au sujet de, concernant
zu	Grundbedeutung à; zu Ihren Gunsten — en votre faveur zu Lasten von — à la charge de zu wenig — trop peu von Zeit zu Zeit — de temps en temps
zugunsten von	en faveur de
zum	zum Beispiel — par exemple zum erstenmal — pour la première fois zum Glück — heureusement
zur	zur Hälfte — à moitié zur Zeit — à présent, actuellement

Tabelle wichtiger Adverbien

(Siehe dazu auch Kapitel 16)

abermals	de nouveau, encore une fois	gern tun	aimer faire qch
allerdings	(in der Tat) en effet, sans doute; (einschränkend) il est vrai que	gestern	hier
		gewiß	certainement, sans aucun doute
im allgemeinen	en général	gewöhnlich	d'habitude
anbei	ci-inclus, ci-joint, en annexe	gleich	(sofort) tout de suite
anders	autrement, d'une autre manière	gleichermaßen	également, de la même manière
auch	(ebenso) de même, également	gleichzeitig	en même temps
auch nicht	ne…pas non plus	gratis	gratuitement
augenblicklich	en ce moment, actuellement	größtenteils	pour la plupart; en majeure partie
ausdrücklich	expressément		
ausführlich	en détail	gründlich	soigneusement
ausnahmsweise	exceptionnellement		
außerdem	en outre	heute	aujourd'hui
		heute abend	ce soir
bald	bientôt	heute morgen	ce matin
beinahe	presque	heute nachmittag	cet après-midi
beispielsweise	par exemple	hinlänglich	suffisamment
besonders	particulièrement, spécialement		
beträchtlich	considérablement, sensiblement	immer	toujours
		immer mehr	de plus en plus
binnen kurzem	sous peu	immer noch nicht	ne…toujours pas
bisher	jusqu'ici, jusqu'à présent	immer weniger	de moins en moins
		insbesondere	surtout, spécialement, particulièrement
dagegen	par contre		
dauernd	continuellement	insgesamt	au total, en tout
dennoch	quand même, tout de même	inwieweit	dans quelle mesure, jusqu'à quel point
durchaus	absolument		
		inzwischen	entretemps, en attendant
ebenfalls	également	irrtümlicherweise	par erreur
eher	(früher) plus tôt		
eigentlich	(im Grunde) au fond; (in Wirklichkeit) en effet, en réalité	jedenfalls	en tout cas, de toute façon
		jedoch	cependant, toutefois, par contre
einerseits…andererseits	d'une part…d'autre part	jetzt	maintenant, à présent
eingehend	(gründlich) à fond; (lange) longuement	jeweils	chaque fois
einzig und allein	uniquement	kaum	à peine
endlich	enfin, finalement	keinesfalls	en aucun cas
erst	(zuerst) d'abord; (nicht eher) ne…que, seulement	keineswegs	en aucun cas
		künftig	à l'avenir
ersteinmal	tout d'abord	binnen kurzem	sous peu
erstens	premièrement	kurzfristig	à bref délai
etwa	(ungefähr) environ, à peu près; (zum Beispiel) par exemple	kürzlich	récemment, ces derniers jours
etwas	un peu	lange	longtemps
		leider	malheureusement
fast	presque, à peu près		
folglich	donc, par conséquent	manchmal	parfois, quelquefois
fortwährend	continuellement	maximal	au maximum
früher	autrefois	mehr und mehr	de plus en plus
frühestens	au plus tôt	meistens	la plupart du temps
		mindestens	au moins
ganz	(verstärkend) tout; (völlig) tout à fait	möglicherweise	éventuellement, peut-être, si c'est possible
gegenwärtig	à présent, actuellement	wenn möglich	si possible
gerade	justement; g. etw getan haben venir de faire qch	morgen	demain
geringfügig	légèrement, insensiblement, un peu	nämlich	c'est-à-dire
		natürlich	naturellement
gern	volontiers	von neuem	de nouveau

nicht nur..sondern auch	non seulement…mais aussi
niemals	ne…jamais
nirgendwo	ne…nulle part
noch	encore
nur	seulement, ne…que
offenbar	il semble que
oft	souvent
ordentlich	comme il faut
ordnungsgemäß	dûment
ordnungshalber	pour la bonne forme
persönlich	personnellement, en personne
planmäßig	comme prévu
postwendend	par retour du courrier
pünktlich	ponctuellement
recht	assez
rechtzeitig	à temps
relativ	relativement
schließlich	enfin, finalement
schon	déjà
sehr	(bei Verben) beaucoup; (bei Adj und Adv) très
seither	depuis
seit kurzem	depuis peu
seit langem	depuis longtemps
selbstverständlich	il va de soi, naturellement
selten	rarement
sicherlich	sûrement
so	(Art u. Weise) ainsi, de cette manière; (Maß) si, aussi, tellement
sobald wie möglich	le plus tôt possible
sodann	ensuite, alors
soeben	(gerade) justement, à l'instant;
soeben etw getan haben	venir de faire qch
sofort	tout de suite, immédiatement
somit	ainsi, par conséquent
sonst	(andernfalls) autrement; (außerdem) en outre; (gewöhnlich) d'habitude
soviel	tant
soviel wie	autant que
soweit wie möglich	autant que possible
sowenig wie möglich	aussi peu que possible
sowohl…als auch	non seulement…mais encore
später	plus tard
spätestens	au plus tard
in der Tat	en effet
tatsächlich	en effet
trotzdem	malgré tout
überall	partout
übermorgen	après demain
wie üblich	comme d'habitude
übrigens	d'ailleurs
im übrigen	d'ailleurs
umgehend	sans délai, par retour du courrier
unbedingt	(auf jeden Fall) en tout cas
unentgeltlich	gratuitement
ungefähr	environ
unverzüglich	sans délai, sans tarder, tout de suite
ursprünglich	initialement
vergebens	en vain
vergleichsweise	par comparaison
verhältnismäßig	relativement
viel	beaucoup
vielleicht	peut-être
vielmals	(oft) souvent; (sehr) beaucoup
vielmehr	plutôt; (im Gegenteil) au contraire
vor allem	avant tout, surtout
im voraus	d'avance, à l'avance
voraussichtlich	probablement
vorgestern	avant hier
wahrscheinlich	probablement, certainement
bis auf weiteres	jusqu'à nouvel ordre
weiterhin	à l'avenir
wieder	de nouveau
wirklich	réellement, en effet, vraiment
von Zeit zu Zeit	de temps en temps
zur Zeit	actuellement
ziemlich	assez
zuerst	d'abord
zufällig	par hasard
in Zukunft	à l'avenir
zunächst	d'abord
zwar	(allerdings) il est vrai, en effet; et voici comment
und zwar	
zweifellos	(ohne jeden Zweifel) sans aucun doute

Vokabeln (Wörterverzeichnis):

Die Zahlen verweisen auf das Kapitel, in dem das betreffende Wort erstmalig vorkommt. Wörter ohne Kapitelangabe und mit Hinweis auf eine Tabelle haben im Französischen unterschiedliche Entsprechungen. Bitte in der betr. Tabelle nachschlagen. Die Zahlen, die Wochentage und Monate, die Wörter des Tagesablaufs sowie die Ländernamen sind in diesem Vokabelverzeichnis nur aufgenommen, sofern sie in den Lektionen vorkommen. Vollständige Übersichten enthalten die Tabellen in Kapitel 24.

ab	s. Tab. Präp.
aber	mais 19
abermals	de nouveau, encore une fois
abnehmen (Waren)	prendre 16
Absatz	l'écoulement, m 19
guten A. finden	avoir un bon débit 21
absenden	expédier 3
absetzen (Waren)	écouler 17
Absicht haben zu tun	avoir l'intention (f) de faire 16
abolut (Adv)	absolument 21
Abteilung	le département 20
abzüglich (Kosten)	déduction faite de
Adresse	l'adresse, f 1
Afrika	l'Afrique, f 17
in Afrika	en Afrique
Akkreditiv	l'accréditif, m 3
alle	tous, toutes 15
Alleinvertretung	la représentation exclusive 11
allerdings	s. Tab. Adv.
alles	tout 15
im allgemeinen	en général 19
als	s. Tab. Präp.
am	s. Tab. Präp.
an	s. Tab. Präp.
anbei	ci-inclus, ci-joint, en annexe 15
in Anbetracht	en raison de, en considération de
anbieten	offrir 3
andere (r, s)	autre 16
andere Kunden	d'autres clients 17
ändern	changer 8
anders	autrement, d'une autre manière
Anfrage	la demande 1
Ihre A. nach	votre demande de (concernant)
angeben (Preise etc)	indiquer 10
Angebot	l'offre, f 1
Angebot über	l'offre de 17
angeboten	offert, e 15
Angelegenheit	l'affaire, f 1
Anis	l'anis, m 17
ankommen	arriver 14
Ankunft	l'arrivée, f 16
Anlage	l'annexe, m 15 (la) pièce jointe
in der A.	en annexe, ci-joint, ci-inclus
anläßlich	à l'occasion de
anlaufen (Hafen)	faire escale à 22
annehmbar	acceptable 6
annehmen	accepter 3
annehmen, vermuten	supposer 17
annullieren	annuler 18
Annullierung	l'annulation
anstatt zu tun	au lieu de faire 23
anstelle von	à la place de
Anstrengung	l'effort, m 19
Antwort auf	la réponse à 4
antworten auf	répondre à 4
anvertrauen, jdm etw	confier qch à qn 14
Anweisung	l'instruction, f 1
Anwesenheit	la présence 20
in A. von	en présence de 20
Anzahl (von)	le nombre (de) 18
Anzeige (i. d. Zeitung)	l'annonce, f 1
Arbeit	le travail 17
arbeiten	travailler 7
Arbitrage	l'arbitrage, m 20
Artikel	l'article, m 1
auch	aussi 20
auch (ebenso)	de même, également
auch nicht	ne... pas non plus
auf	s. Tab. Präp.
aufgeben (Preise etc)	établir 20
aufgrund	à cause de 20
Aufmerksamkeit	l'attention, f 15
aufmerksam machen, jdn auf etw	attirer l'attention de qn sur qch 15
aufrechterhalten	maintenir 10
Aufstellung	le relevé 13
Auftrag	l'ordre, m 1, la commande 1
Auftragsbestätigung	la confirmation de l'ordre 12
Auftragszettel	le bon de commande 15
augenblicklich (Adv)	actuellement 13
aus	s. Tab. Präp.
ausdrücklich	expressément
Ausfertigung	l'exemplaire, m 10
in doppelter A.	en double exemplaire, m 10
in dreifacher A.	en triple exemplaire, m 10
ausführen (Auftrag)	exécuter 8
ausführlich	en détail
Ausführung (Auftrag)	l'exécution, f 8
ausgenommen	exception faite de, excepté
ausgezeichnet	excellent, e 5
Auskunft (über)	le renseignement (sur) 17
Ausland	l'étranger, m 19
ausländisch	étranger, ère 19
im (ins) Ausland	à l'étranger 19
Ausnahmerabatt	le rabais exceptionnel 18
ausnahmsweise	exceptionnellement
ausreichend	suffisant, e 16
Ausschuß (Ware)	le rebut 22
außer	sauf
außer acht lassen	ne pas tenir compte de
außerdem	en outre
äußerst (Adv)	extrêmement 16
avisieren	annoncer 20
bald	bientôt 10
Bank	la banque 1
Basis, (auf B.)	sur base, f 23
beabsichtigen zu tun	avoir l'intention de faire 16 penser faire 24
beachten	observer 3

Bedarf	le besoin 3	bewußt, s. einer Sache b. sein	se rendre compte de qch 24
bedauern zu tun	regretter de faire 16	bezahlen	payer 3
Bedauern	le regret	Bezahlung	le paiement 1
zu unserem lebhaften B.	à notre vif regret	s. beziehen auf	se référer à 11
bedeutend	important, e 5	bezüglich	s. Tab. Präp.
Bedeutung, von gr. B. sein	être de grande importance	bezweifeln, daß	douter que + Konj. 21
Bedingung	la condition 1	billig	bon marché 16
unter B., daß	à condition que + Konj. 21	billig kaufen	acheter bon marché 16
s. beeilen zu tun	s'empresser de faire 11	billig verkaufen	vendre bon marché 16
beenden	finir Anm. 2	binnen	s. Tab. Präp.
s. befassen mit	s'occuper de 11	binnen kurzem	sous peu
s. befinden	se trouver 18	bis	s. Tab. Präp.
befolgen (Anweisungen)	observer 18	bis (Konjuktion)	jusqu'à ce que + Konj. 21
befürchten, daß	avoir peur que + Konj. 21	bisher	jusqu'à présent 19, jusqu'ici
	craindre que + Konj. 21	bitte	veuillez + Inf. 9
beginnen (etw zu tun)	commencer 21 (à faire qch 24)	Bitte um etw	la demande de
behalten	garder 13	bitten, jdn etw zu tun	prier qn de faire qch 9
Behörden	les autorités, f 20		demander à qn de faire qch 24
bei	s. Tab. Präp.		
beifügen, etw einer Sache	joindre qch à qch 24	bitten, jdn um etw	demander qch à qn 9
beinahe	presque 22	bleiben	rester 8
beispielsweise	par exemple	Branche	la branche 7
bekannt	connu, e 14	brauchen, etw	avoir besoin de qch 6
belasten, jdn mit etw	débiter qn de qch 22	Brief	la lettre 1
s. belaufen auf (Rechnung) (Lieferzeit)	s'élever à 11, se monter à 24; être de	Brüssel	Bruxelles 23
d. Lieferzeit beläuft s. auf 6 Wochen	le temps de livraison est de six semaines	da (am Satzanfang)	comme, étant donné que 11
		dagegen	par contre
s. bemühen, etw. zu tun	s'efforcer de faire qch 24	damit	afin que, pour que + Konj. 21
benötigen	avoir besoin de 6	dank	grâce à
berechnen (fakturieren)	facturer 21	dankbar, jdm d. sein	être reconnaissant à qn 18
bereit sein zu tun	être prêt à faire 8	danken, jdm für etw	remercier qn de (pour) qch 9
berücksichtigen	tenir compte de 23	das ist	c'est 5
u. Berücksichtigung von	en tenant compte de	das sind	ce sont 5
besagt	dit, e 19	daß	que 9
besagter Artikel	le dit article 19	dauernd	continuellement
beschädigen	endommager 20	Debitnote	la note de débit 22
Beschädigung	le dommage	decken (Bedarf, Versicherung)	couvrir 3
s. beschäftigen mit	s'occuper de		
beschließen, etw zu tun	décider de faire qch	denken (meinen)	penser 21
Beschwerde	la réclamation 1	dennoch	quand même, tout de même
s. beschweren über	se plaindre de 14	deshalb	c'est pourquoi 14
besonders	particulièrement 16, spécialement	deswegen	c'est pourquoi 14
		dienen, zu etw d.	servir à qch 24
besser (Adj)	meilleur, e 6	Dokument	le document 20
es ist b., etw zu tun	il vaut mieux faire 24	dringend brauchen	avoir grand besoin de 17
Bestandteil sein von	faire partie de 22	durch	s. Tab. Präp.
bestätigen, Empfang	accuser réception de 3	durchaus	absolument
bestätigen (die eigene Mitteilung)	confirmer	ebenfalls	également
bestehen auf	insister sur 23	ebenso (günstig)	aussi (favorable) 15
bestellen	commander 16	ebenso - wie	aussi ... que 19
Bestellung	la commande 1	eher (früher)	plus tôt
sein Bestes tun	faire de son mieux	eigentlich	s. Tab. Adv.
Bestimmungshafen	le port de destination 16	einerseits ... andererseits	d'une part ... d'autre part
jdn besuchen	rendre visite à qn 21	einführen (auf den Markt bringen)	introduire 8
beträchtlich (Adj)	considérable 16		
beträchtlich (Adv)	considérablement 16, sensiblement	einführen (importieren)	importer 3
		Einführungsrabatt	le rabais d'introduction 10
betreffend (Adj)	en question 17	eingehend	s. Tab. Adv.
der b. Artikel	l'article en question 17	einhalten (Termine, Bedingungen)	observer 14
betreffs	s. Tab. Präp.		
bevollmächtigen, jdn etw zu tun	autoriser qn à faire qch 23	einige	quelques 6
		Einkauf	l'achat, m
bevor	avant que + Konj. 21	einlagern	emmagasiner 15

Einlagerung	l'emmagasinage, m	europäisch	européen, ne 22
einsparen	économiser 23	Exemplar	l'exemplaire, m
eintreten in (Geschäfts-beziehungen)	entrer en 14	Explosionsgefahr	le danger d'explosion (f) 23
		Export	l'exportation, f 1
einverstanden sein mit etw	accepter qch 19	Exporteur	l'exportateur, m 1
einverstanden sein mit jdm	être d'accord avec qn 19	exportieren	exporter 3
einwilligen in etw (etw zu tun)	consentir à qch (à faire qch) 24	Fabrikant	le fabricant 1
Einzelheit	le détail 15	fähig sein, etw zu tun	être capable de faire qch 24
einzig und allein	uniquement	fahren	aller 14
Empfang	la réception 15	Fall	le cas 11
empfangen	recevoir 14	im F. von	en cas de 11
Empfangsbestätigung	l'accusé (m) de réception	falls	si 18
empfehlen, jdm etw	recommander qch à qn 10	fast	à peu près, presque
Ende	la fin 10	Fehler	l'erreur, f 23
Ende Juli	fin juillet 10	fehlend	manquant,e 14
endlich	enfin, finalement	Fernschreiben	le télex 15
entgegen	contrairement à	fest (Angebot)	ferme 10
enthalten	contenir 14	fest (Adj)	solide 18
entladen	décharger 20	festsetzen (Bedingungen)	stipuler, fixer 14
Entladung	le déchargement 20	feststellen	constater 14
entnehmen (aus einem Brief etc)	apprendre par 11	finanziell	financier,ière 17
		Firma	la maison 1
Entscheidung	la décision	folgen	suivre s. Tab. Verben
s. entschließen zu tun	se décider à faire 11	folgend	suivant,e 10
entschlossen sein, etw zu tun	être décidé à faire qch 24	folglich	donc, par conséquent
		fortlaufend	consécutif,ve 20
s. entschuldigen für etw	s'excuser de qch 24	fortwährend	continuellement
entsprechen	correspondre à 6	Fracht	le fret 11
	être conforme à 24	frachtfrei	fret payé
entsprechend	conformément à 16		en port payé
erfolgen durch (Zahlung)	se faire par 24	Frachtrate	le taux du fret 20
erforderlich sein	il est nécessaire 21	fraglich (Adj)	en question
erfreut sein über etw	être heureux de qch 24	die fr. Firma	la maison en question 19
erfreut sein, etw zu tun	être heureux de faire qch 24	französisch	français,e 17
Erhalt	la réception 16	frei Grenze	franco frontière 20
nach E.	après réception 16	Bahnhof B	franco en gare de B
erhalten (durch Einsatz)	obtenir 14	Haus	franco domicile
erhalten (ohne Einsatz)	recevoir 14	freibleibend (Angebot)	sans engagement 11
erhöhen	augmenter 8, hausser Anm. 1	s. freuen über	être heureux de 5
Erhöhung	l'augmentation, f	fristgerecht	au délai convenu 21
erinnern, jdn an etw	rappeler qch à qn 22	froh sein, daß	être content que + Konj. 21
s. erlauben zu tun	se permettre de faire 11	frühestens	au plus tôt
erlauben, jdm etw zu tun	permettre à qn de faire qch 10	früher	plus tôt 12
ermächtigen, jdn etw zu tun	autoriser qn à faire qch 23	früher (ehemalig)	autrefois
		fühlen	sentir s. Tab. Verben
ermäßigen (um)	réduire (de) 8, baisser 3	für	pour 14, s. auch Tab. Präp.
Ermäßigung	la réduction		
Ernte	la récolte 18	ganz	tout, s. auch Tab. Adv.
Ersatzteil	la pièce de rechange 14	geben	donner 3
erst (zeitlich)	seulement 20, s. auch Tab. Adv.	Gefahr laufen zu tun	risquer de faire 24
		gegen	contre 15, s. auch Tab. Präp.
Erstauftrag	le premier ordre 6	gegenüber	s. Tab. Präp.
erstaunt sein (über)	être surpris (de) 21	Gegenvorschlag	la contre-proposition 18
	être étonné (de) 21	gegenwärtig (Adj)	actuel,le 19
ersteinmal	tout d'abord	gegenwärtig	à présent, actuellement
erstens	premièrement	gehen	aller 14
erster	premier,ière 5	gelingen zu tun	réussir à faire 24
erteilen (Auftrag)	passer 3, donner 3	gemäß	selon 9, conformément à 16
erwähnen	mentionner 16		suivant
erwarten	attendre 4	genau (Adj)	exact,e 16
es (4.Fall)	le 20	genau (streng) (Adv)	strictement 16
es gibt	il y a 17	genug	assez 16
etwa	s. Tab. Adv.	genügend (+ Subst.)	assez de 17
etwas (Adv)	un peu 19	gerade	s. Tab. Adv.

geringfügig	s. Tab. Adv.	hinsichtlich	s. Tab. Präp.
gern	volontiers	hinweisen auf etw	indiquer qch 23
gern tun	aimer faire	hinweisen (aufmerksam machen) auf etw	attirer l'attention sur qch 20
Gesamtwert	la valeur totale 23		
Geschäft	l'affaire, f 1	hoch	haut,e; élevé,e 5
ein gutes G. machen	faire une bonne affaire 17	hoffen, etw zu tun	espérer faire qch 15
ein schlechtes G. m.	faire une mauvaise affaire 17	honorieren (Wechsel)	honorer (une traite) Anm. 1
Geschäftsbeziehung	la relation d'affaires 14	Hotel	l'hôtel Anm. 1
Gespräch	la conversation 11		
gestern	hier 14	Ihrerseits	de votre part 22
getrennt (Adv)	séparément 22	illustriert	illustré, e 10
gewähren	accorder 3	im	s. Tab. Präp.
Gewinn	le profit 23	imaginär	imaginaire 23
gewiß (Adv)	certainement 16, sans aucun doute	immer	toujours 14
		immer mehr	de plus en plus
gewisse(r)(+ Subst)	certain,e (+ Subst) 17	immer noch	toujours
gewöhnlich	d'habitude	immer noch nicht	ne... toujours pas
gewünscht	demandé,e; désiré,e 14	immer weniger	de moins en moins
glauben	croire 14	Import	l'importation, f 1
gleich (sofort)	tout de suite 11, immédiatement 16	Importeur	l'importateur, m 1
		importieren	importer 3
gleich nach	dès	in	à, dans, en 2
gleich nach Erhalt	dès réception		s. auch Tab. Präb.
gleich, der, die	le,la même 15	in Frankreich	en France 2
gleichermaßen	également, de la même manière	in zwei Tagen	dans deux jours 15
		infolge von	par suite de
gleichzeitig	en même temps	Information über jdn	l'information (f) de qn 13
gratis	gratuitement	über etwas	l'information (f) sur qch 13
Grenze	la frontière 20	s. informieren über etw	s'informer de qch 24
groß	grand,e 5	inklusive	y compris
groß (bedeutend)	important,e 5	innerhalb	s. »in« Tab. Präp.
größere (umfangreiche) Aufträge	des ordres importants 18	insbesondere	s. Tab. Adv.
		insgesamt	au total, en tout
größtenteils	pour la plupart, en majeure partie	interessant	intéressant, e 5
		s. interessieren für	s'intéresser à 11
gründlich	soigneusement	interessiert sein an etw	être intéressé par qch 24
Gunst	la faveur 8	inwieweit	s. Tab. Adv.
zu Ihren Gunsten	en votre faveur 8	inzwischen	entretemps 14, en attendant
günstig	avantageux,se 5	s. irren	se tromper 16
gut (Adj)	bon,ne 5	Irrtum	l'erreur, f 14
gut (Adv)	bien 16	mir ist ein I. unterlaufen	j'ai fait (commis) une erreur 14
gutschreiben, jdm etw	créditer qn de qch 15	irrtümlicherweise	par erreur
haben	avoir 2	Jahr	l'an, m; l'année, f 14
Hafen	le port 2	jede(r) beliebige(r)	tout, e (ohne Artikel) 22
Hälfte	la moitié 14	jedenfalls	en tout cas, de toute façon
Hafer	l'avoine, f 17	jedoch	cependant, toutefois, par contre
halten	tenir, s. Tab. Verben		
Handelskammer	la Chambre de Commerce 14	jetzt	maintenant, à présent
es handelt sich um	il s'agit de 19	jeweils	chaque fois
Hausse	la hausse Anm. 1	Juni	juin 16
helfen, jdn etw zu tun	aider qn à faire qch 24		
herabsetzen	réduire 7, baisser	Kaffee	le café 16
herstellen	fabriquer 4, produire 7	Katalog	le catalogue 1
Herstellung	la fabrication, la production	Kauf	l'achat, m
hervorragend	excellent,e 5	kaufen	acheter 3
heute	aujourd'hui 9	Käufer	l'acheteur, m 1
heute abend	ce soir	Kaufvertrag	le contrat de vente 20
heute morgen	ce matin	kaum	à peine
heute nachmittag	cet après-midi	kein,e,er	ne ... pas de 17
heutig	d'aujourd'hui 11	keinesfalls	en aucun cas
hier	ici 3	keineswegs	en aucun cas
hiermit	par la présente 8	keine,r mehr	ne ... plus de 17
hiesig	d'ici, de cette ville 14	kennen	connaître 13
hinlänglich	suffisamment	kippen	culbuter Anm. 3

Kiste	la caisse 14	mehr als (+ Zahlenangabe)	plus de 19
klein	petit,e 5	mehr und mehr	de plus en plus
kommen	venir 10	mehrere	plusieurs 6
Konkurrent	le concurrent 19	Mehrwertsteuer	la taxe sur la valeur ajoutée (T.V.A.)
Konkurrenz	la concurrence 1		
konkurrenzfähig	compétitif,ve 5	die meisten	la plupart des 17
können	pouvoir 7	meistens	la plupart du temps 17
Konnossement	le connaissement 1	Menge	la quantité 1
Kontakt aufnehmen mit jdm	contacter qn 12	Messe	la foire Anm. 1
		minder(wertig)	inférieur,e 18
Konto	le compte en banque 13	mindestens	au moins 18
Kontraktabschluß	la conclusion du marché 20	Mindestmenge	la quantité minimum 21
kontrollieren	contrôler 16	mit	avec 13 s. auch Tab. Präp.
Kopie	la copie 15	mitteilen, jdm etw	informer qn de qch 9, communiquer 22
Kosten	les frais, m; les coûts, m 15		
kostenlos	gratuit,e 20	Mitteilung	l'information, f
Kredit	le crédit 1	Modell	le modèle 15
Kunde	le client 1	möglich	possible 15
Kundenkreis	la clientèle 19	es ist m. zu tun	il est possible de faire 15
künftig (Adv)	à l'avenir 19	wenn möglich	si possible
künftig (Adj)	futur,e	möglicherweise	s. Tab. Adv.
kurz	court,e 16	Möglichkeit zu tun	la possibilité de faire 18
kurzfristig	à bref délai 14	mein möglichstes tun	faire tout mon possible 18
kürzlich	récemment 16, ces derniers jours	Monat	le mois 8
		der 3. des M.	le 3 courant 8
		des 20. des letzten Monats	le 20 écoulé, le 20 du mois dernier 8
Lage	la situation 16		
in der Lage sein	être à même; être en mesure 10	morgen	demain 15
		müssen	devoir 8
Lager	le magasin 1; le stock 7	Muster	l'échantillon, m 1
auf Lager haben	avoir en stock 7	Musterauswahl	le choix d'échantillons 20
Lagerschuppen	le hangar 18	Musterziehung	l'échantillonnage, m 20
lang	long, longue 7		
lange (Adv)	longtemps 15	nach (zeitlich)	après 15 s. auch Tab. Präp.
lassen (veranlassen)	faire (+ Inf.) 23	nach (gemäß)	selon, d'après, suivant
Lasten, zu Ihren L.	à vos charges, f 9	Nachricht	la nouvelle 16
Lastwagen	le camion 22	von Ihnen N. erhalten	recevoir de vos nouvelles 16
laut	s. gemäß	nächste,e	prochain,e 15
lebhaft (Adv)	vivement 16	nämlich	c'est-à-dire
leicht (Adv)	facilement 16	natürlich (Adv)	naturellement
leider	malheureusement 13	neben	s. Tab. Präp.
lesen	lire 9	nehmen	prendre 13
letzte,r	dernier,ière 5	Neige, zur N. gehen	s'épuiser 11
lieber wollen, daß	aimer mieux que + Konj. 21	neu	nouveau, nouvel, nouvelle 5
Lieferant	le fournisseur 1	von neuem	de nouveau
Lieferbedingung	la condition de livraison 8	nicht nur ... sondern auch	non seulement ... mais aussi
Lieferfrist	le délai de livraison 7	niedrig	bas,se 5
Liefertermin	la date de livraison 14	niemals	ne ... jamais 14
liefern	livrer 7	noch	encore 4
Lieferung	la livraison 1	noch nicht	ne ... pas encore 4
Lieferverzug	le retard dans la livraison 23	noch einmal	encore une fois 20
Luftfracht	le fret aérien 15	nötig	nécessaire 18
per Luftfracht	par fret aérien 15	notwendig	nécessaire 18
Luftpost	par avion 9	numerieren	numéroter 20
Lufttransport	le transport aérien 19	Nummer	le numéro
		nur	seulement 8
machen	faire 13		
Mal	la fois 19	ob	si 9
man	on 20	obenerwähnt	mentionné,e ci-dessus 22, susmentionné,e 14
manchmal	parfois 19		
Markt	le marché 8	obgleich	bien que + Konj.; quoique + Konj. 21
auf dem Markt	sur (dans) le marché 8		
Marktlage	la situation du marché 16	offenbar	il semble que + Konj.
Maschine	la machine 17	öffnen (er-)	ouvrir 3
maximal	au maximum	oft	souvent

ohne	sans 17 s. auch Tab. Präp.	schließlich	enfin, finalement
ordentlich	comme il faut	schnell (Adj)	rapide 16
ordnungsgemäß	dûment	schnell (Adv)	vite, rapidement 16
ordnungshalber	pour la bonne forme 20	so schn. wie möglich	le plus vite possible, aussi vite que possible 6
per	s. Tab. Präp.	schon	déjà 7
persönlich	personnellement, en personne	schreiben	écrire 13
planmäßig	comme prévu	schulden, jdm etw	devoir qch à qn 24
positiv (Adv)	favorablement 21	Schuppen	le hangar 18
Post (Briefe)	le courrier 9	schwierig	difficile 16, s. auch 24
mit getrennter P.	par courrier séparé 9	Schwierigkeit	la difficulté 14
mit gleicher P.	par même courrier 9	Schw. haben zu tun	avoir des difficultés à faire 17
Posten	le lot, la partie 16	seemäßig verpacken	mettre en emballage maritime 21
postwendend	par retour (du courrier) 9		
Preis	le prix 1	Seetransport	le transport maritime 19
zu einem Pr. anbieten	offrir à un prix	sehen	voir 14
Preisliste	le prix-courant 1	sehr (+ Adj, + Adv)	très 14
Preisnachlaß	la remise 22	sehr (+ Verb)	beaucoup
preiswert	bon marché 16	sehr viel (länger)	beaucoup plus (long) 19
pro	par	sein	être 2
pro Jahr	par an	seit	depuis 7
Probeauftrag	l'ordre (m) d'essai	seit langem	depuis longtemps 7
Produkt	le produit 11	seit kurzem	depuis peu
Produktion	la production 16	seit wann	depuis quand 12
profitieren von etw	profiter de qch 24	seitens	de la part de
Proformarechnung	la facture proforma	seither	depuis
prompt	prompt,e 16	selbstverständlich	il va de soi, naturellement
Prospekt	le prospectus 14	selten (Adv)	rarement
Prozent	pour cent 6	Sendung	l'envoi, m 1
prüfen	examiner 3	sicher	sûr,e 9
pünktlich	ponctuellement 16	sicherlich	sûrement 16, certainement
		Skonto	l'escompte, m 1
Qualität	la qualité 1	so	s. Tab. Adv.
		so daß	de façon que + Konj. de manière que + Konj. 21
Rabatt	le rabais 1		
raten, jdm etw zu tun	conseiller à qn de faire qch 10	sobald wie möglich	le plus tôt
rechnen mit	compter sur 18	sodann	ensuite, alors
Rechnung	la facture 1	soeben	s. Tab. Adv.
Rechnungsbetrag	le montant de la facture 3	sofort	immédiatement 16, tout de suite 11, s. auch Tab. Präp.
recht (ziemlich) (Adv)	assez 14		
rechtzeitig	à temps 14	solch, ein solcher	un tel 14
Referenzen	les références, f 17	eine solche	une telle
regelmäßig	régulier,ière 16	solide	solide 19
regeln	régler 21	sollen	devoir 8
Reis	le riz 16	somit	ainsi, par conséquent
relativ (Adv)	relativement	Sonder-	spécial,e 5
Risiko	le risque 15	sonst	s. Tab. Adv.
ein R. eingehen	courir un risque 24	Sorgfalt	le soin 8
Rohstoff	la matière première 14	mit größter S.	avec le plus grand soin 8
Ruf	la réputation 7	sorgfältig	soigneux,se 16
		soviel (+ Subst)	tant de 17
Sack	le sac 17	soviel wie	autant que
sagen	dire 9	soweit wie möglich	autant que possible
Saison	la saison 17	sowenig wie möglich	aussi peu que possible
sämtliche	tous les, toutes les 20	sowie	ainsi que 10
Sauerstoffflasche	la bouteille d'oxygène 23	sowohl ... als auch	non seulement ... mais encore
schade, es ist sch., daß	il est dommage que + Konj. 21	später	plus tard
		spätestens	au plus tard
Schaden	le dommage 20	spezialisiert sein in etw	être spécialisé dans qch 24
Scheck	le chèque 6	Sprache	la langue 17
scheinen zu tun	sembler faire 21	sprechen über	parler de 12
schicken	envoyer 3	spr. mit jdm	parler avec (à) qn 12
Schiff	le navire 22	standhalten, d. Konkurrenz	soutenir la concurrence 10
schlecht (Adj)	mauvais,e 5	ständig (Adv)	constamment 16
schlecht (Adv)	mal 16	stark	fort,e 5

statt	au lieu de, à la place de	unmittelbar nach	immédiatement après 16
stellen	mettre 14		tout de suite 16
stets	toujours 19	unter	s. Tab. Präp.
Stocklotmuster	l'échantillon prélevé d'un lot déterminé 23	unterbreiten, jdm etw	soumettre qch à qn 10
		Unternehmen	l'entreprise, f 19
streng	strict,e 20	unterschiedlich (Adj)	différent, e (nachgestellt)
Stück	la pièce 12	unterschreiben	signer 20
Stunde	l'heure, f Anm 1	Unterschrift	la signature
suchen	chercher 14	unverzüglich	s. Tab. Adv.
Summe	la somme 15	unwiderruflich	irrévocable 23
		ursprünglich (Adv)	initialement
Tag	le jour 15	Ursprungszeugnis	le certificat d'origine 10
in der Tat	en effet		
tatsächlich	en effet	veranlassen, jdn etw zu tun	inciter qn à faire qch 15
technisch	technique 15	s. in Verbindung setzen mit jdm	contacter qn 12
Tee	le thé 16		
Teil	la partie 13	verbunden, jdm v. sein	être obligé à qn 18
Teillieferung	la livraison partielle 20	vereinbart (Bedingung)	convenu, e; stipulé, e 20
teilnehmen an	prendre part à 24	verfügen über	disposer de 13
Teilverladung	l'embarquement partiel 15	Verfügung	la disposition 20
telefonieren, mit jdm	téléphoner à qn 24	jdm etw zur V. stellen	mettre qch à la disposition de qn 20
Telegramm	le télégramme 14		
Telex	le télex 15	vergebens	en vain
teuer	cher, chère 16	vergessen etw zu tun	oublier de faire qch 24
teuer kaufen	acheter cher (unveränderlich) 16	vergleichsweise	par comparaison
		verglichen mit	en comparaison de, comparé à
teuer verkaufen	vendre cher (unveränderlich) 16		
		verhältnismäßig (Adv)	relativement 16
Tonne	la tonne 17	verhandeln	négocier 23
Transportkosten	les frais (m) de transport (m) 21	Verhandlung	la négociation
		Verkauf	la vente 8
trotz	malgré	verkaufen	vendre 4
trotz alledem	malgré tout	Verkäufer	le vendeur 1
trotzdem	malgré tout	Verkaufsbedingung	la condition de vente 8
		Verladehafen	le port de chargement 20
über	s. Tab. Präp.	verladen (nach)	embarquer (pour) 20
überall	partout	Verladung	l'embarquement, m 11
übergeben	transmettre 14	verlängern	prolonger 23
wie üblich	comme d'habitude	Verlängerung	la prolongation
übermorgen	après demain	vermeiden, etw zu tun	éviter de faire qch 15
überprüfen (Rechnung)	vérifier 23	vermuten	supposer 17
überrascht sein, daß	être surpris que + Konj. 21	verpacken	emballer 16
übersteigen	dépasser 22	Verpackung	l'emballage, m 11
überweisen	virer 3	s. verpflichten zu tun	s'engager à faire 11
Überweisung	le virement	Versand	l'expédition, f 1
überwinden (Schwierigkeiten)	surmonter 23	Versandanweisung	l'instruction (f) d'expédition 1
		Versandanzeige	l'avis (m) d'expédition 1
überzeugt sein	être convaincu 15	versandbereit sein	être prêt à être expédié 20
übrigens	d'ailleurs	verschicken	expédier 3
im übrigen	d'ailleurs	verschiedene (+ Subst)	différent(e)s (+ Subst) 17
um	s. Tab. Präp.	Verschiffung	l'embarquement, m
um zu + Inf.	pour + Inf.	versehen (markieren)	marquer 20
umfassen (enthalten)	comprendre 12	versichern	assurer 15
umgehend	tout de suite 11 s. auch Tab. Adv.	Versicherung	l'assurance, f 3
		Versicherungspolice	la police d'assurance 15
umladen	transborder 16	versiegeln	cacheter 20
Umladung	le transbordement 18	versprechen, jdm etw zu tun	promettre à qn de faire qch 10
Umsatz	le chiffre d'affaires 19		
unannehmbar	inacceptable 6	es versteht sich von selbst	il va de soi 18
unangenehm	désagréable 5	s. verstehen	s'entendre 11
unbedingt (auf jeden Fall)	en tout cas absolument 16	versuchen, etw zu tun	essayer de faire qch 24
		Versuchsauftrag	l'ordre (m) d'essai 10
und	et 10	Vertrag	le contrat 20
unentgeltlich	gratuitement	vertreten	représenter
ungefähr	environ	Vertreter	le représentant 1

Vertretung	la représentation
vervollständigen	compléter 21
verzichten auf	renoncer à 23
Verzollung	le dédouanement 18
via	via 18
viel, e	beaucoup de 17
vielleicht	peut-être
vielmals (oft)	souvent
(sehr)	beaucoup
vielmehr	plutôt
(im Gegenteil)	au contraire
vom (Datum)	en date du
von	s. Tab. Präp.
vor (zeitlich)	avant 10
vor (v. Zeitpunkt des Spre-chers zurück gerechnet)	il y a 14
vor allem	avant tout, surtout
im voraus	d'avance, à l'avance
vorausgesetzt, daß	pourvu que + Konj. 21
voraussichtlich	probablement
Vorauszahlung	le paiement anticipé 23
vorbehaltlich	sous réserve de, sauf
v. Zwischenverkauf	sauf vente
vorgestern	avant hier
vorhaben, etw zu tun	compter faire qch 24
vorher	avant
vorige, r	dernier, ière (nachgestellt) 5
vorlegen (präsentieren)	présenter 20
vornehmen (Zahlung etc)	effectuer 3
Vorrat	le stock 8
Vorschlag	la proposition 13
vorschlagen, jdm etw zu tun	proposer à qn de faire qch 10
vorsehen (planen)	prévoir
Vorstellung	l'idée, f 21
s. eine V. machen	se faire une idée 21
vorteilhaft	avantageux, se 5
vorziehen, etw zu tun	préférer faire qch 21
wählen	choisir Anm 2
während	pendant 20
wahrscheinlich (Adv)	probablement 16
wann	quand 12
Ware	la marchandise 1
warum	pourquoi 12
was	qu'est-ce qui (1. Fall) que (4. Fall) 12
was anbetrifft	en ce qui concerne, quant à, concernant
Wechsel	la traite 23
wegen	à cause de 20 s. auch Tab. Präp.
wegfahren	partir 14
weil (im Nachsatz)	parce que 10
Wein	le vin 17
weitere (+ Subst)	d'autres (+ Subst) 17
bis auf weiteres	jusqu'à nouvel ordre
weiterhin	à l'avenir
welche, r	quel, quelle, quels, quelles 12
wen	qui
s. wenden an	s'adresser à 11
wenig (+ Subst)	peu de 17
wenn	si 8
wer	qui 12
werden (Vollwerb)	devenir 10
wichtig	important, e 5
wie ?	comment ? 12
wieder	de nouveau
wieviel (+ Subst)	combien de (+ Subst) 12
Wille	la volonté 23
wirklich (Adv)	vraiment 16, en effet, réellement
wissen	savoir s. Tab. Verben
wissen lassen	faire savoir 18
wo	où 12
Woche	la semaine 15
nächste W.	la semaine prochaine 15
wohin	où
wollen	vouloir
wünschen (für sich)	désirer 21
(für andere)	souhaiter 21
zählen zu (d. größten Firmen)	compter parmi (les plus grandes maisons) 24
zahlreiche	nombreux, ses 5
Zahlung	le paiement 1
Zahlungsbedingung	la condition de paiement 8
Zeichen	le signe 20
Zeit	le temps
von Zeit zu Zeit	de temps en temps
zur Zeit	actuellement
ziehen (Muster)	prélever 20
ziemlich	assez 16
Zoll	la douane 18
Zollschuppen	le hangar de douane 18
zu (sehr) (Adv)	trop 5 s. auch Tab. Präp.
zuerst	d'abord
zufällig	par hasard
zufrieden sein mit	être content de 5
Zufriedenheit	la satisfaction 20
zu Ihrer vollen Z.	à votre pleine satisfaction 20
zufriedenstellen	satisfaire
zugunsten von	en faveur de
zukommen lassen	faire parvenir 9
in Zukunft	à l'avenir
zum	s. Tab. Präp.
zunächst	d'abord
zur	s. Tab. Präp.
zurückhalten	retenir 14
zurückkommen	revenir 14
zurückweisen	rejeter 22
zur Zeit	actuellement 21
zusagen	convenir 10
zusammenarbeiten	coopérer 13
zusätzlich (Adj)	complémentaire, supplémentaire 17
Zustand	l'état, m 13
in gutem Z.	en bon état 13
zuviel (+ Subst)	trop de 17
zwar (und zwar)	il est vrai 19 (et voici comment)
Zweifel	le doute 21
zweifellos	sans aucun doute 21
Zweigstelle	la succursale 23

Die Heftreihe »Betriebliches Rechnungswesen«
im Rahmen der Arbeitshefte für die Sekundarstufe II

Das betriebliche Rechnungswesen wird zunehmend als eine Erscheinungsform der Betriebswirtschaftslehre verstanden und ausgestaltet. In ihm werden die betrieblichen Tatbestände rechnerisch erfaßt und zur Vorbereitung und Kontrolle unternehmerischer Entscheidungen verarbeitet. Rechnungswesen als Unterrichtsfach ist daher mit der Wirtschaftslehre in einem curricularen Gesamtkonzept zu planen und zu realisieren.

Ziel des Buchführungsunterrichts - als Einführung in das betriebliche Rechnungswesen - darf daher nicht nur die Vermittlung materiellen Wissens sein, sondern die Ausbildung der Fähigkeit, abzuwägen, zu urteilen, zu entscheiden oder auszuwählen, zu kombinieren und zu folgern. Damit werden Voraussetzungen geschaffen für geistige Flexibilität und selbstbestimmtes Handeln. Die Doppik ist demzufolge als ein System darzustellen, auf dessen Grundlage unternehmerische Entscheidungen getroffen werden. Die Lerninhalte sind so auszuwählen, daß sie zum Verständnis wirtschaftlicher Zusammenhänge unabhängig von der Branche beitragen.

Diesen Grundeinsichten entsprechen Aufbau und methodisches Vorgehen in den Arbeitsheften zum betrieblichen Rechnungswesen.

Aufbau der Heftreihe

Heft 1: **System und Organisation der doppelten Buchführung**
Heft 2: **Fallstudien zu ausgewählten Bereichen der Geschäftsbuchführung** (in Vorbereitung)
Heft 3: **Kosten und Beschäftigung** (in Vorbereitung)
Heft 4: **Kostenrechnung in Fertigungsbetrieben** (in Vorbereitung)
Heft 5: **Erstellung und Auswertung von Jahresabschlüssen unter Beachtung handelsrechtlicher Vorschriften** (in Vorbereitung)

Methodische Gestaltung der Arbeitshefte

- Die Lerninhalte sind so ausgewählt, daß sie zum Verständnis wirtschaftlicher Sachverhalte unabhängig von der Branche beitragen. (Wegen der Möglichkeiten stärkerer Veranschaulichung wurde jedoch grundsätzlich auf den Wertumlaufprozeß von Fertigungsbetrieben abgestellt.)

- Den einzelnen Abschnitten ist eine Situation vorangestellt mit einer den Problembereich umfassenden Frage.

- Bei der Bearbeitung von Sachverhalten wird der Leser durch Arbeitsaufträge und Lernkontrollen aktiv beteiligt, gegebenenfalls werden Lösungsalternativen diskutiert.

- Lernkontrollen und Aufgaben sind so konzipiert, daß sie einerseits eine Anwendung des gerade Gelernten ermöglichen.

- Andererseits geben sie Anregungen zum gründlichen Durchdenken des jeweiligen Problemkreises.

- Die Verwendung unterschiedlicher Darstellungsformen (Konten, Gleichungen, Matrizen) schafft beim Leser Verständnis für die Vielfalt des Rechnungswesens in der betrieblichen Praxis und gleichzeitig Einsicht in das Grundprinzip des Rechnungswesens.

- Auf die vielfach ermüdende Behandlung geschlossener Geschäftsgänge wird nach Einführung der Erfolgskonten verzichtet zugunsten eingehender Bearbeitung der jeweiligen Lernabschnitte.

Die Heftreihe zum betrieblichen Rechnungswesen wendet sich an Schüler der Kaufmännischen Berufsschulen, Berufsfachschulen und Wirtschaftsgymnasien ebenso wie an Teilnehmer von Kursen im Bereich der Erwachsenenbildung.

FELDHAUS VERLAG · Postfach 73 02 40 · 2000 Hamburg 73

Die Heftreihe »Betriebliches Rechnungswesen«

Heft 1 System und Organisation der doppelten Buchführung

1. **Inventur, Inventar, Bilanz**
1.1. Inventur und Inventar
1.2. Bilanz
2. **Das Grundprinzip der doppelten Buchführung**
2.1. Die Auflösung der Bilanz in Konten
2.2. Die Buchung auf Konten
2.3. Die Zusammenfassung der Konten im Schlußbilanzkonto
2.4. Die buchhalterische Erfassung von Geschäftsvorfällen als Kontierung und in matrizieller Form
2.5. Die Erfassung von Erfolgsvorgängen
2.6. Die Erfassung von Privatvorgängen
3. **Anforderungen an die Buchführung**
3.1. Anforderungen aus betriebswirtschaftlicher Sicht
3.2. Anforderungen aus rechtlicher Sicht
4. **Buchungen und Berechnungen zum Einkauf u. Verkauf**
4.1. Die Umsatzsteuer
4.2. Buchungen im Beschaffungs- und Absatzbereich
4.3. Buchungen im Zahlungsverkehr
4.4. Buchungen im Wechselverkehr
5. **Sachwortverzeichnis**

Heft 2 Fallstudien zu ausgewählten Bereichen aus der Geschäftsbuchführung

1. **Bestandsveränderungen an fertigen und unfertigen Erzeugnissen**
2. **Aktivierte Eigenleistungen**
3. **Personalaufwendungen**
3.1. Lohnabrechnung
3.2. Niederschlag der Lohnabrechnung in der Geschäftsbuchführung
4. **Abschreibungen**
4.1. Abschreibungen auf Sachanlagen
4.2. Abschreibungen auf Forderungen
5. **Jahresabgrenzungen**
5.1. Notwendigkeit und Zweck der Jahresabgrenzungen
5.2. Formen der Jahresabgrenzungen
6. **Rückstellungen**
6.1. Anlässe für die Bildung von Rückstellungen
6.2. Buchhalterische Behandlung von Bildung und Auflösung von Rückstellungen
7. **Wertpapiergeschäfte**
7.1. Kauf und Verkauf von Aktien
7.2. Kauf und Verkauf von festverzinslichen Wertpapieren
7.3. Buchungen zum Jahresschluß
7.4. Rentabilität der Wertpapiere

Heft 3 Kosten und Beschäftigung

1. **Erfassung der Kosten und Leistungen**
1.1. Wertbewegungen im betrieblichen Leistungsprozeß
1.2. Kostenarten nach den verbrauchten Einsatzfaktoren
2. **Kosten in Abhängigkeit von der Beschäftigung**
2.1. Kostenarten nach ihrem Verhalten bei Beschäftigungsänderungen
2.2. Die Produktionsfunktion als Grundlage des Kostenverlaufs
2.3. Absatzwirtschaftliche Gegebenheiten und kostenkritische Punkte
3. **Kostenverläufe bei unterschiedlicher Anpassung an Beschäftigungsschwankungen**
3.1. Zeitliche Anpassung
3.2. Intensitätsmäßige Anpassung
3.3. Quantitative Anpassung
3.4. Kombinierte Anpassung

Heft 4 Kostenrechnung in Fertigungsbetrieben

1. **Kostenträgerrechnung als Divisionskalkulation**
1.1. Einstufige Divisionskalkulation
1.2. Mehrstufige Divisionskalkulation
1.3. Divisionskalkulation mit Äquivalenzziffern
1.4. Divisionskalkulation bei Kuppelproduktion
2. **Kostenträgerrechnung als Zuschlagskalkulation**
2.1. Summarische Zuschlagskalkulation
2.2. Differenzierte Zuschlagskalkulation auf der Basis des Betriebsabrechnungsbogens
2.3. Kostenträgerrechnung mit Normalzuschlägen
2.4. Kostenträgerzeitrechnung mit Kostenträgerblatt
3. **Vollkostenrechnung · Teilkostenrechnung**
3.1. Vollkostenrechnung
3.2. Teilkostenrechnung als Deckungsbeitragsrechnung

Heft 5 Erstellung und Auswertung von Jahresabschlüssen unter Beachtung handelsrechtlicher Bewertungsvorschriften

1. **Jahresabschluß**
1.1. Umfang des Jahresabschlusses
1.2. Zielsetzung des Jahresabschlusses
1.3. Vorbereitung des Jahresabschlusses
1.4. Vom Abschluß der Konten zum Jahresabschluß
2. **Die Bewertung von Bilanzpositionen**
2.1. Die Notwendigkeit der Bewertung und mögliche Wertansätze
2.2. Bewertung der Aktiva nach handelsrechtlichen Vorschriften
2.3. Bewertung der Passiva nach handelsrechtlichen Vorschriften
2.4. Zusammenfassung der Bewertungsprinzipien
3. **Unternehmungsanalyse**
3.1. Anlässe für eine Unternehmungsanalyse
3.2. Aufbereitung des Quellenmaterials
3.3. Auswertung eines Jahresabschlusses mit Hilfe von Kennzahlen
3.4. Die Kapitalflußrechnung als Instrument der Unternehmungsanalyse

FELDHAUS VERLAG · Postfach 73 02 40 · 2000 Hamburg 73